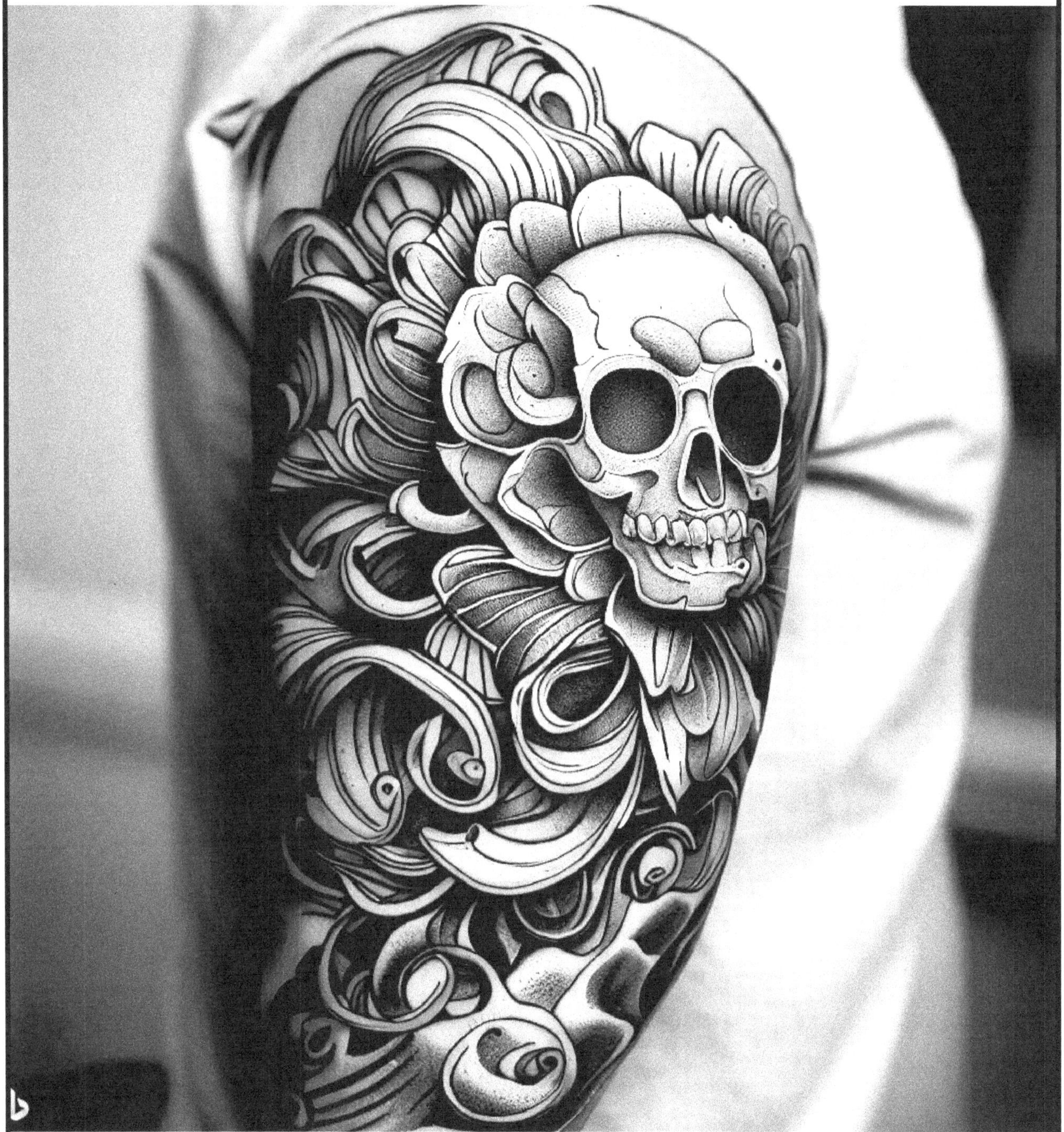

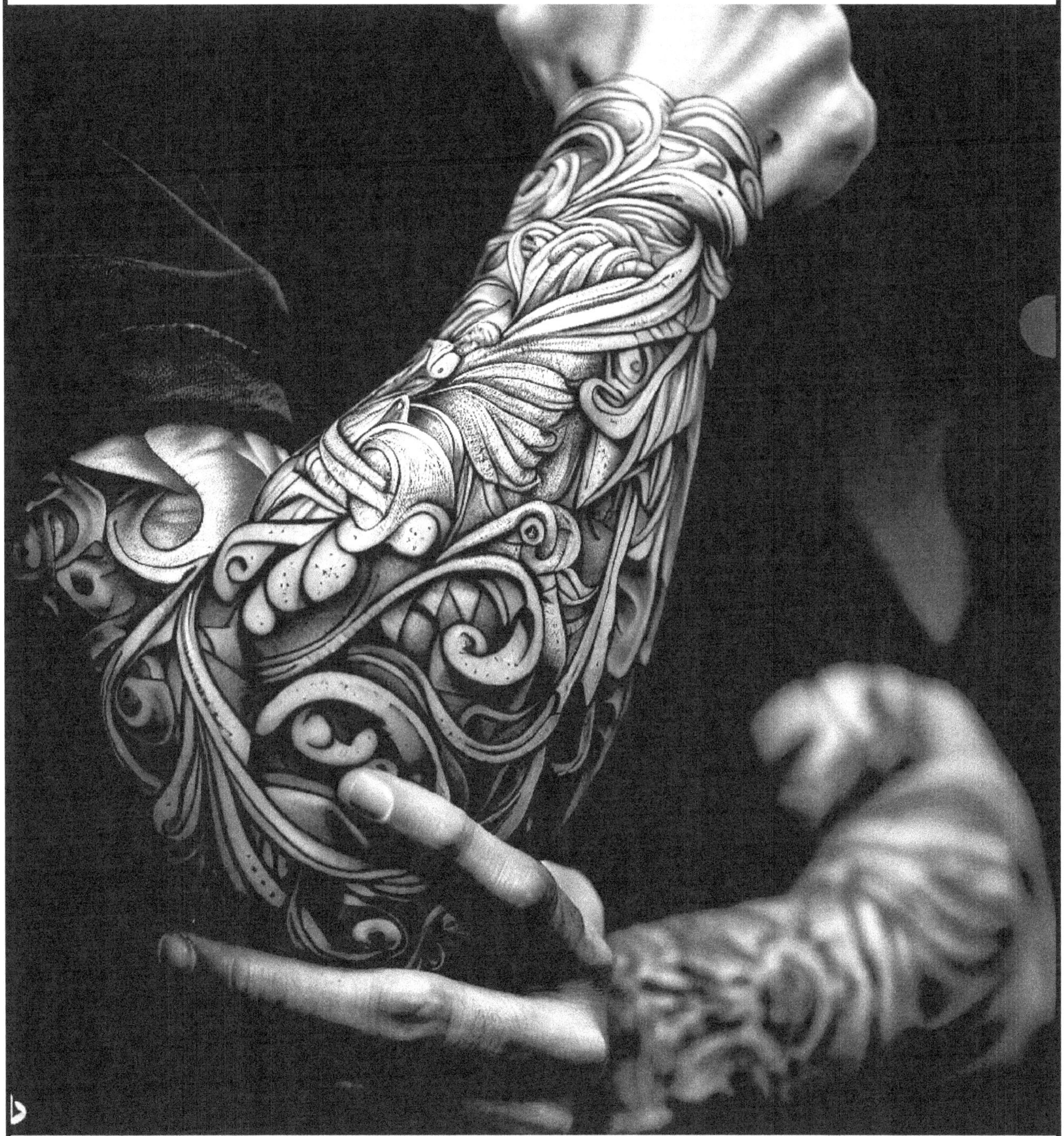

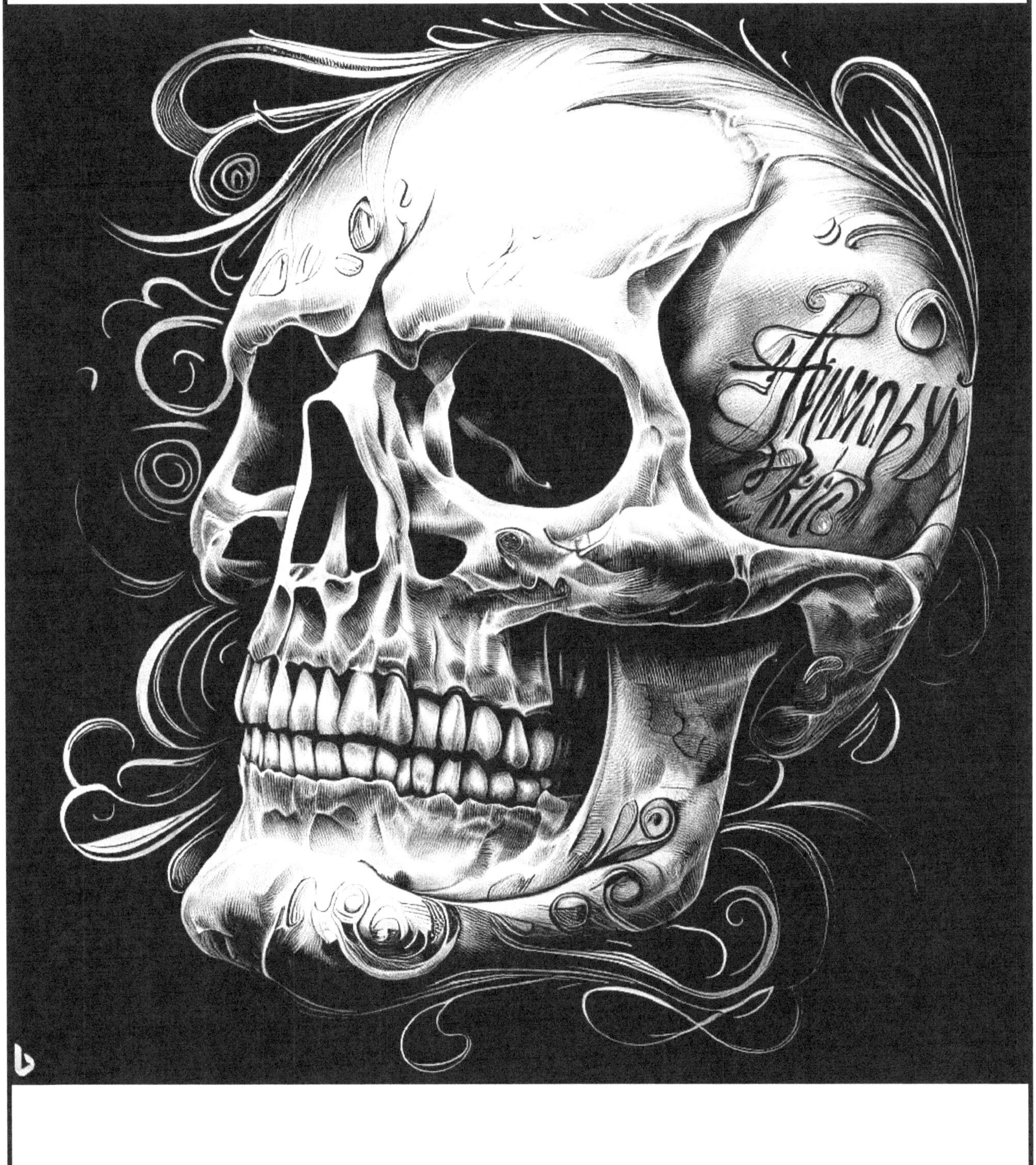

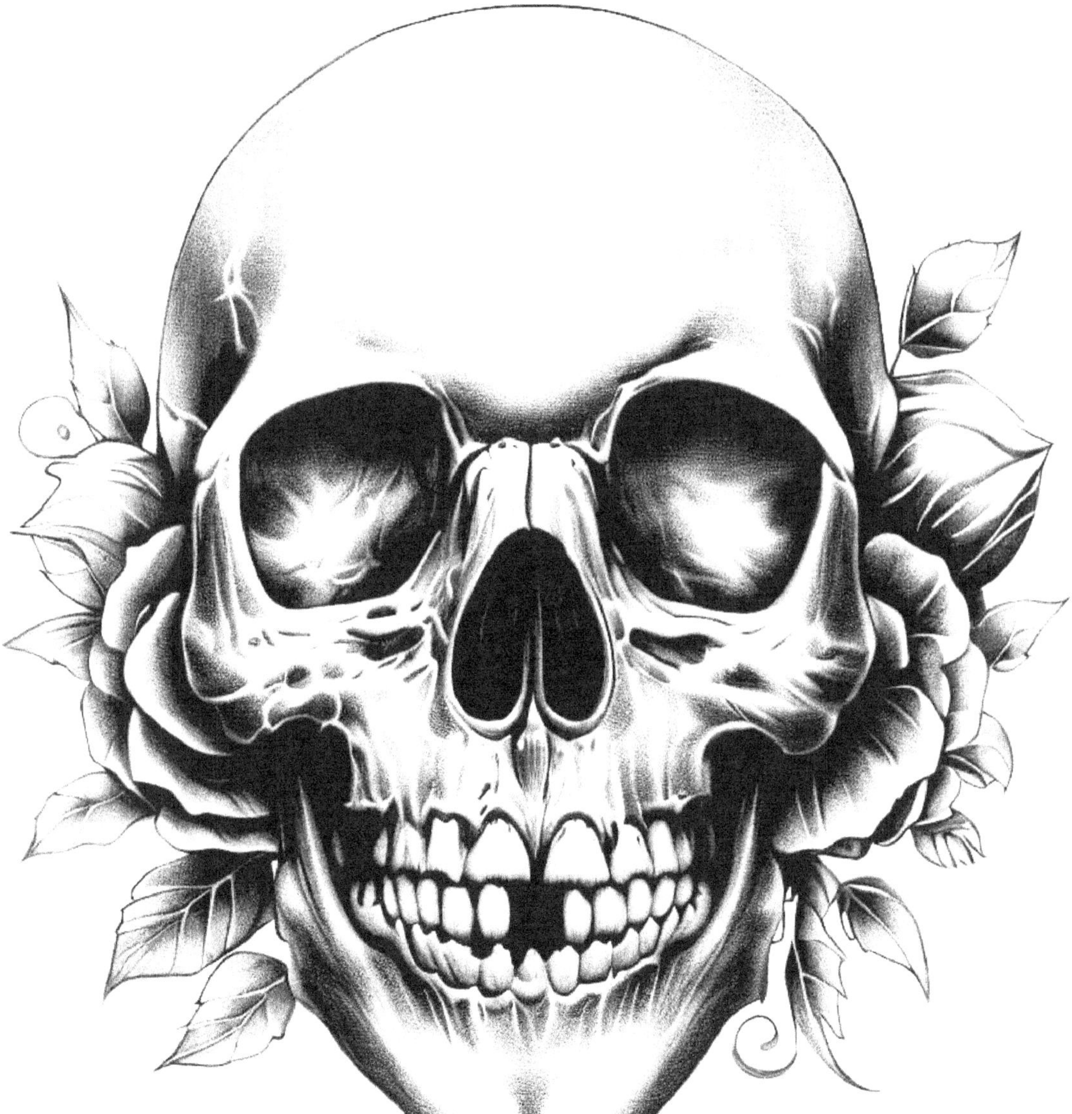

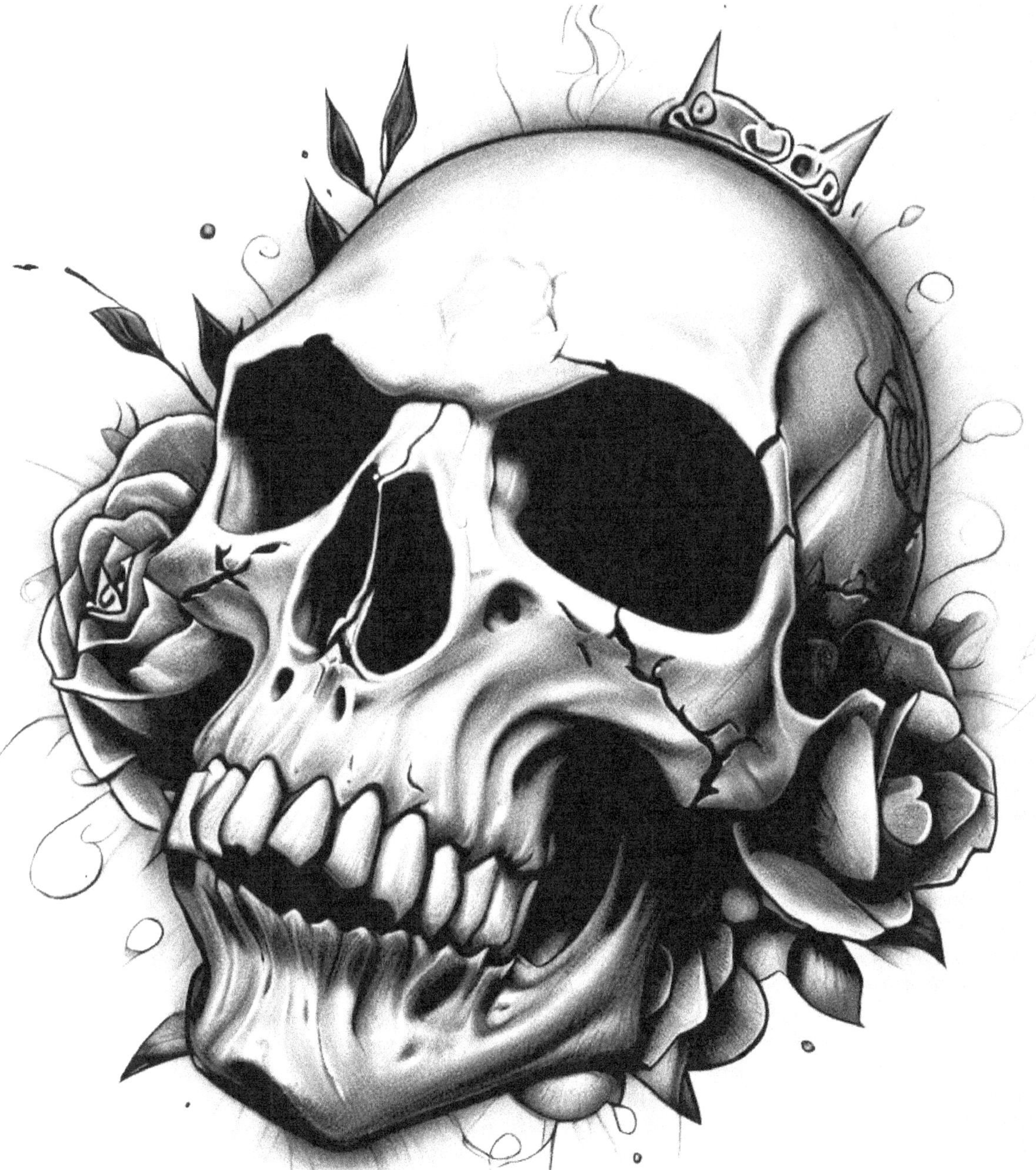

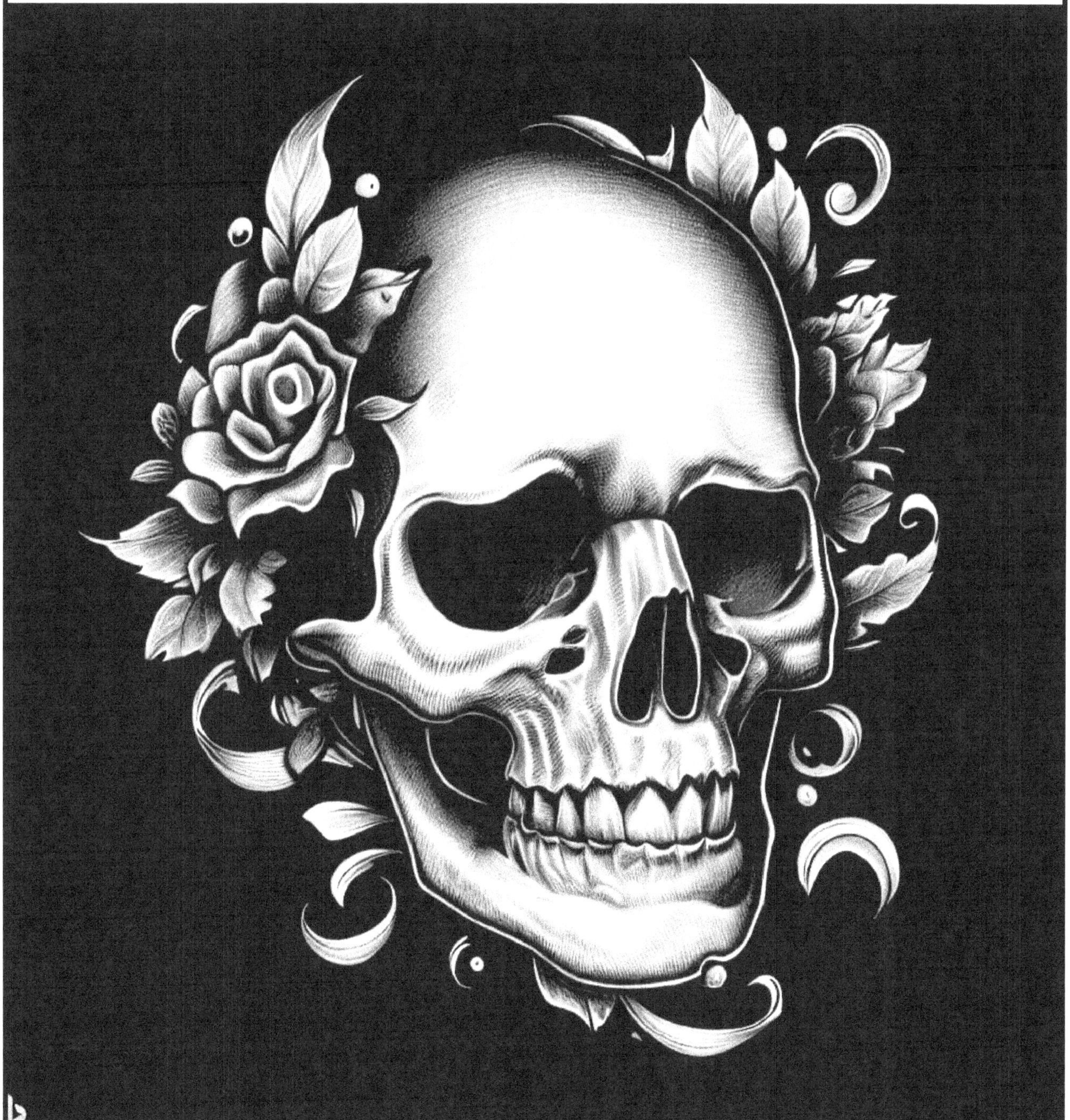

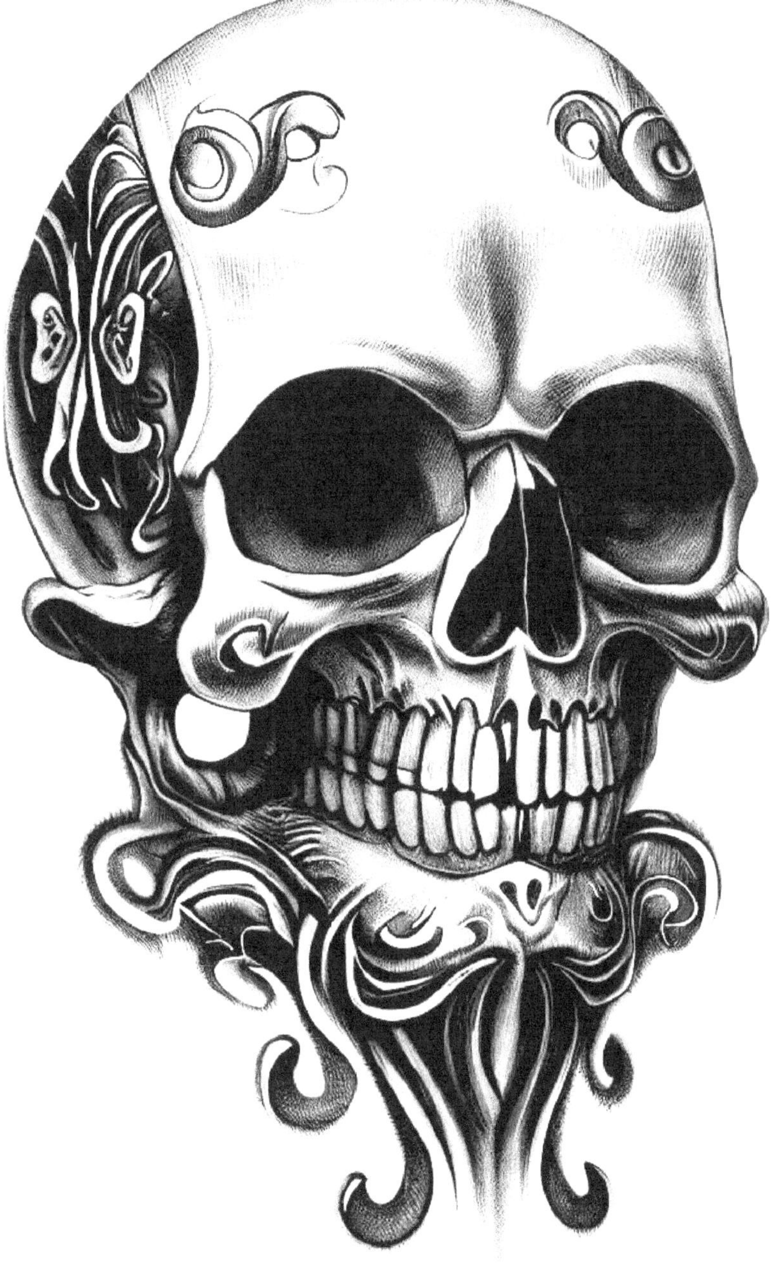

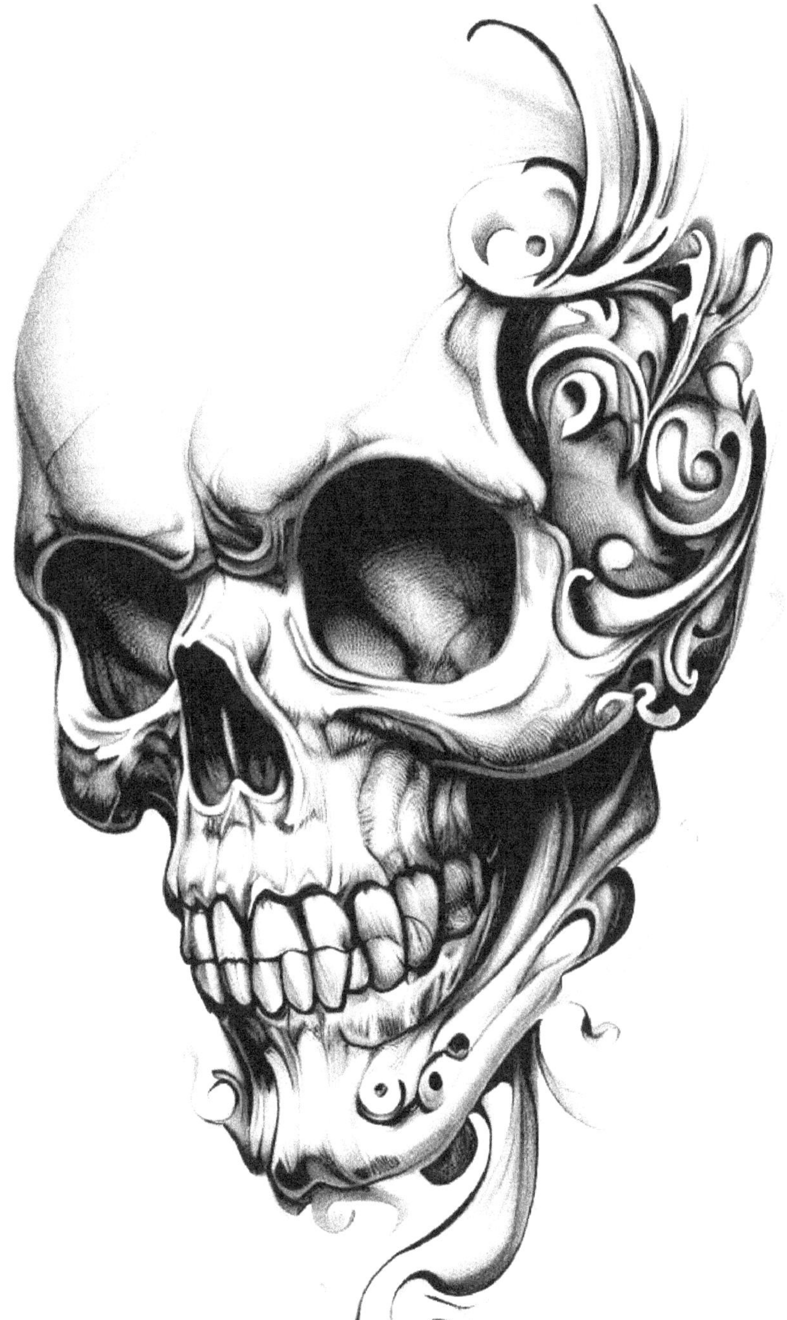

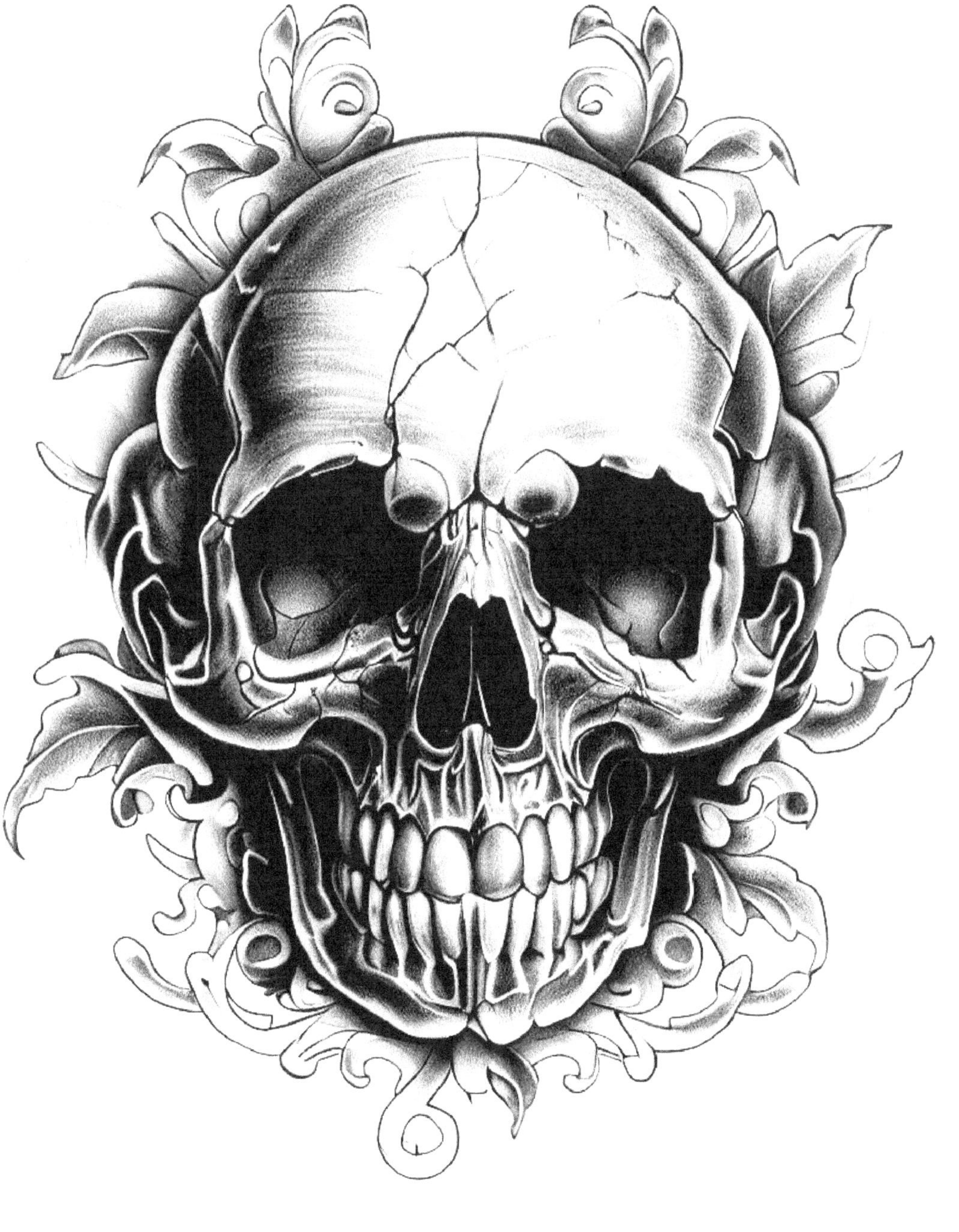

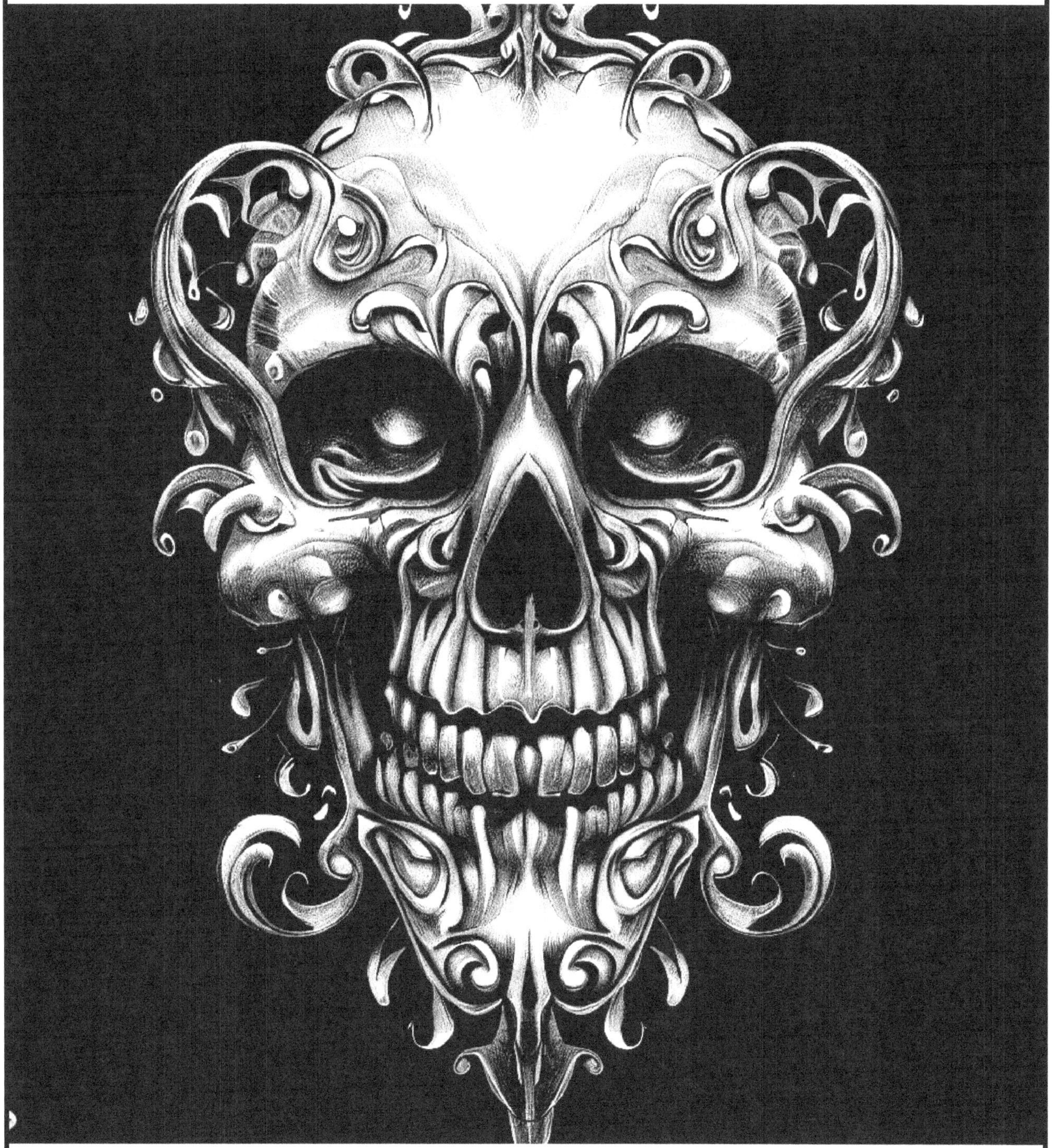

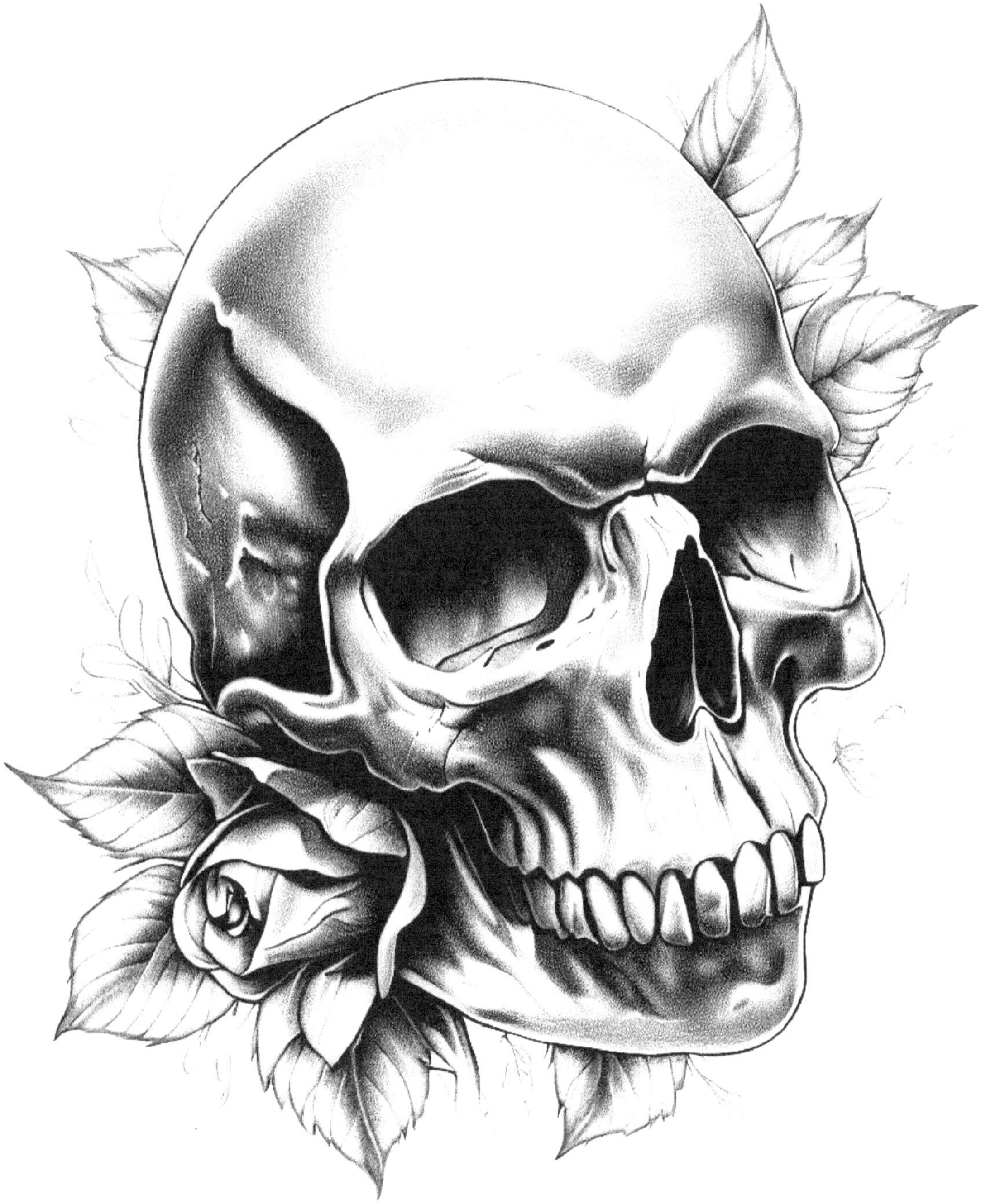

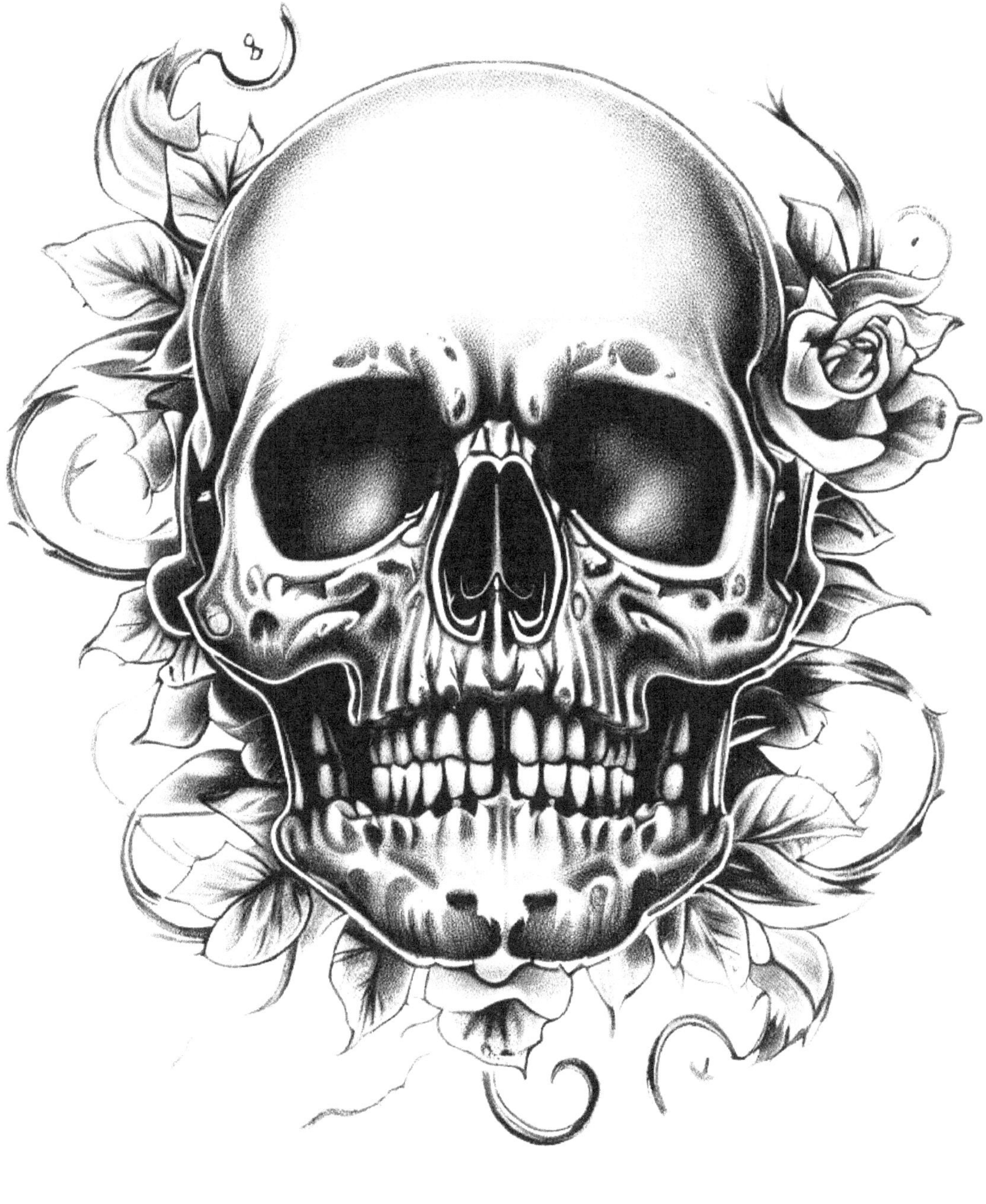

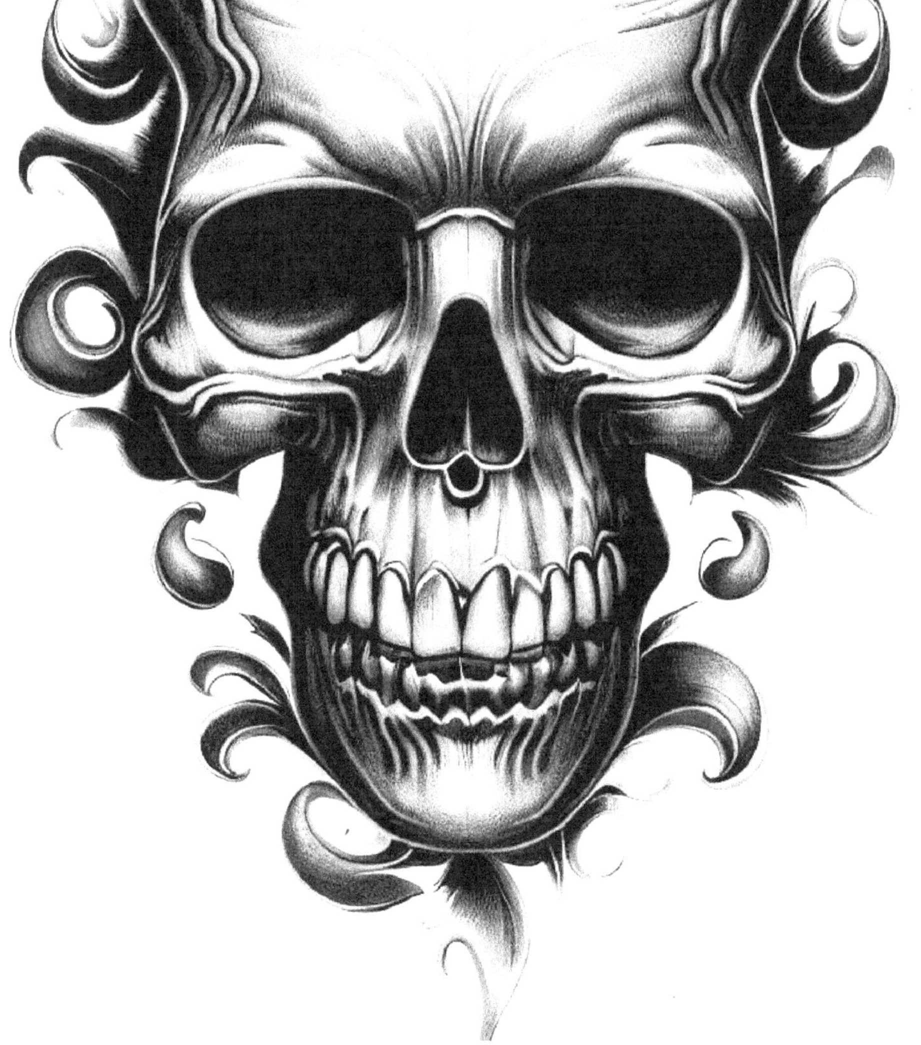

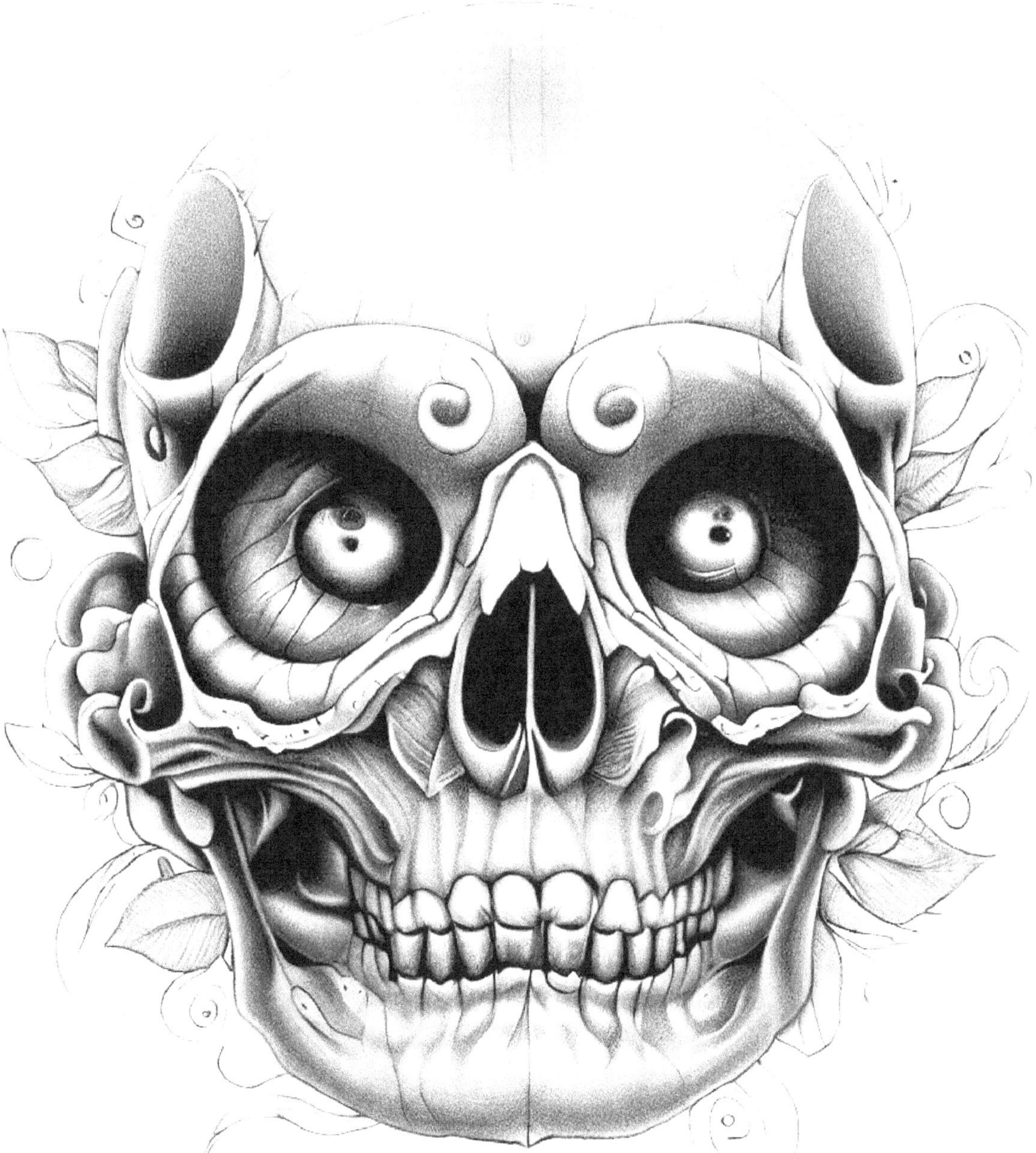

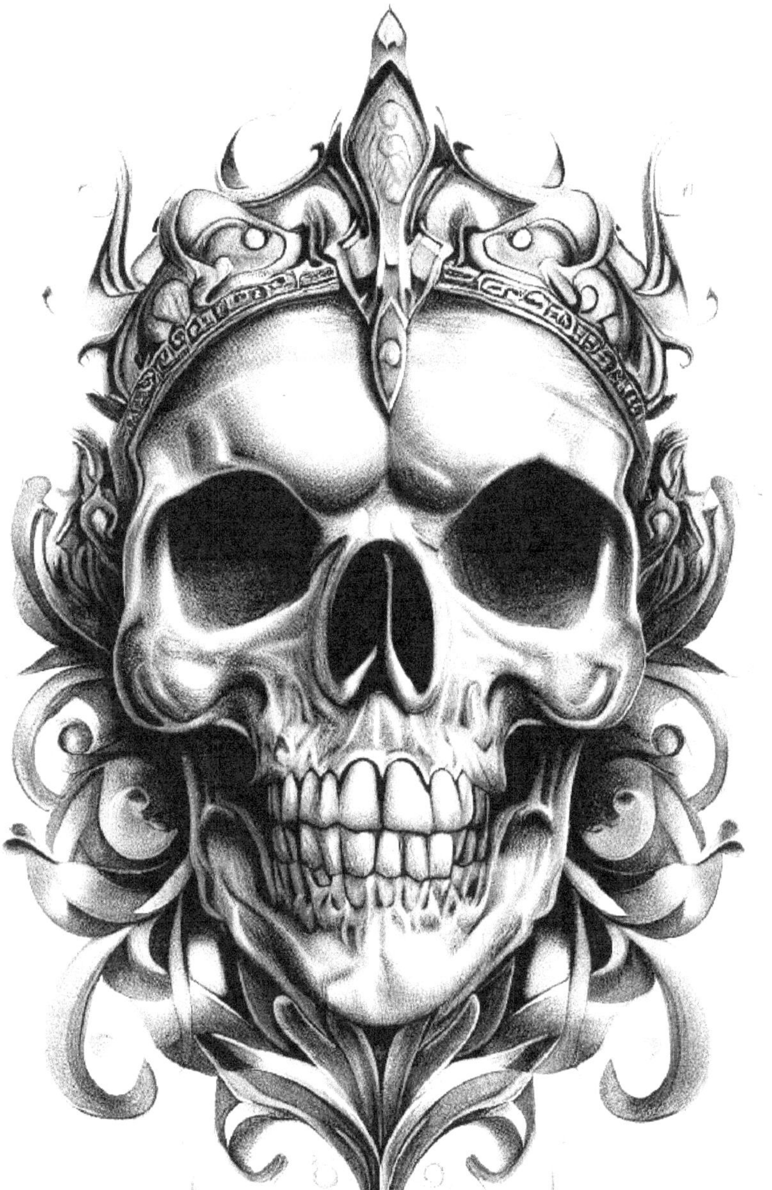

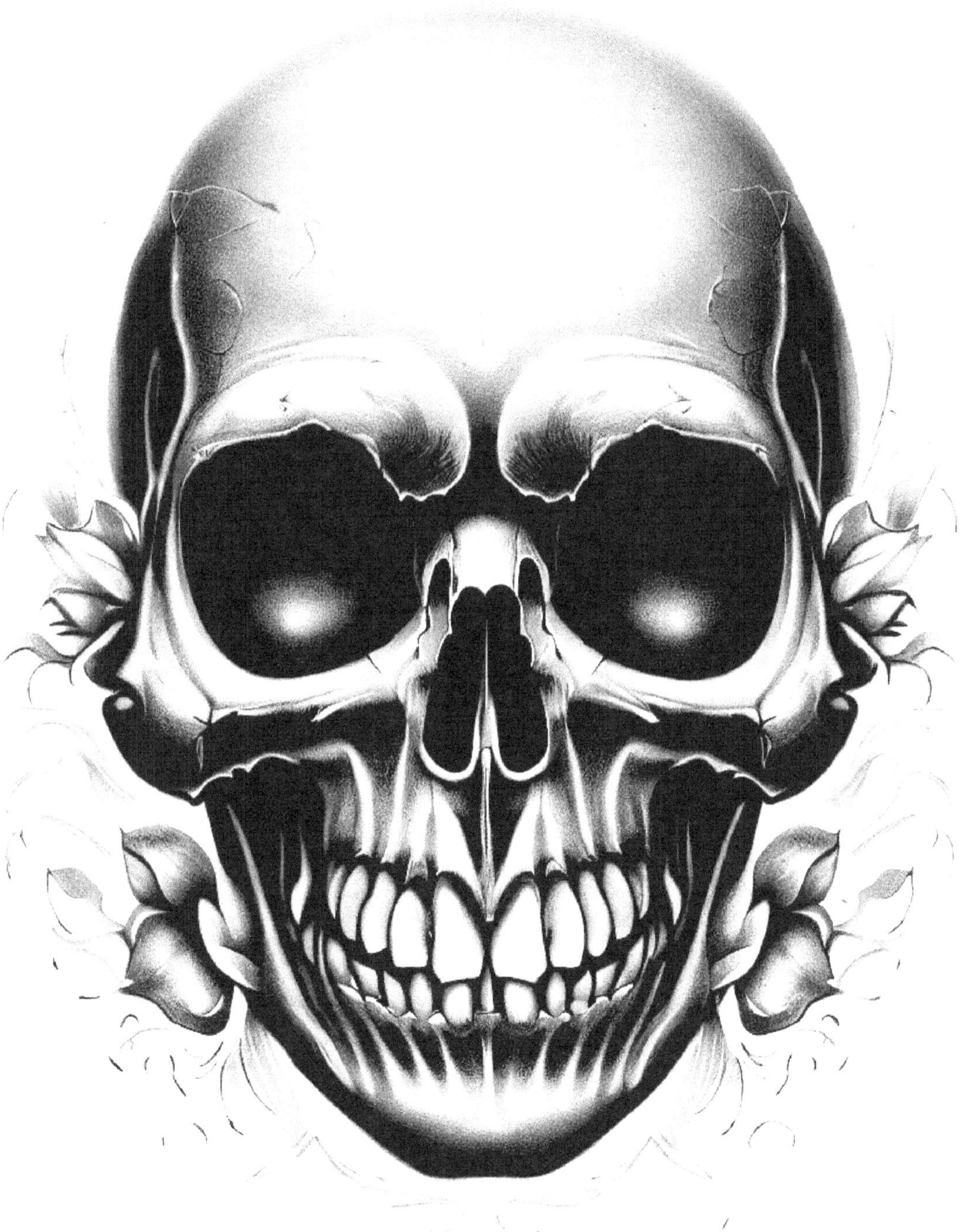

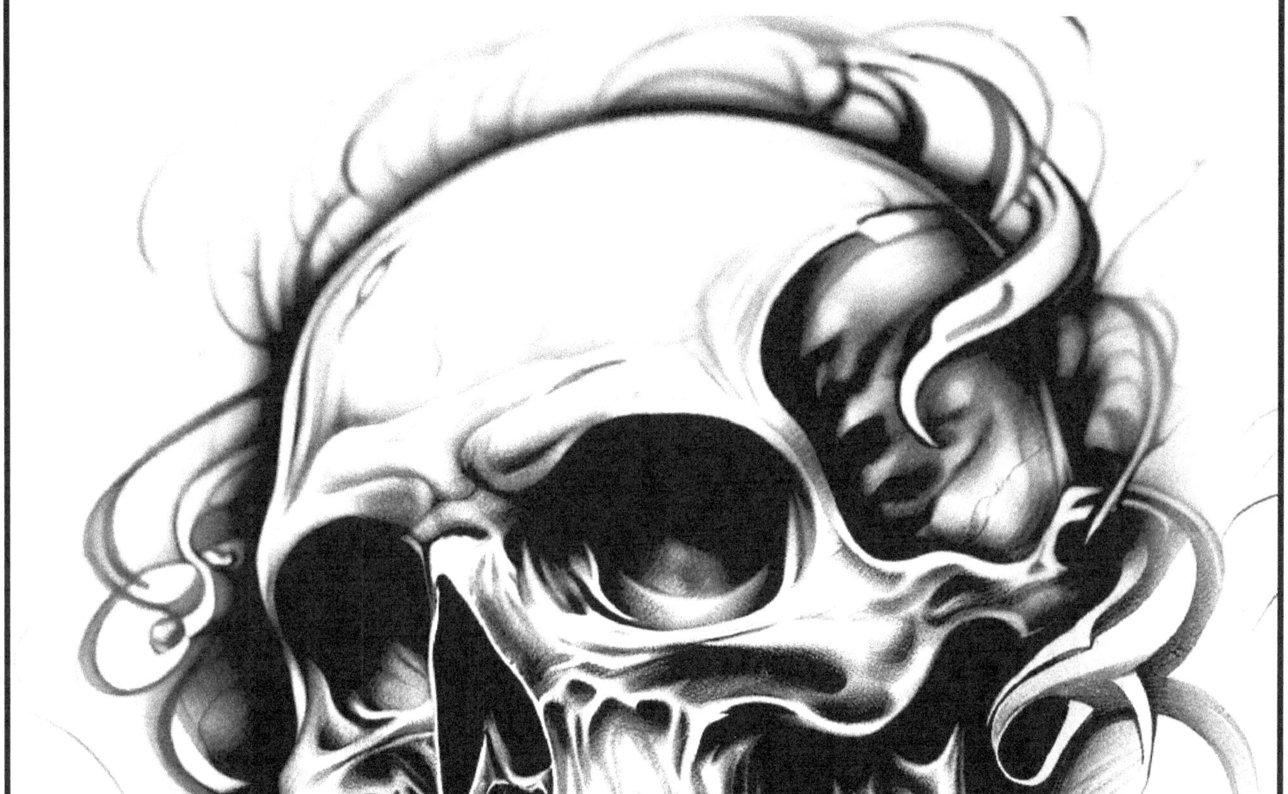

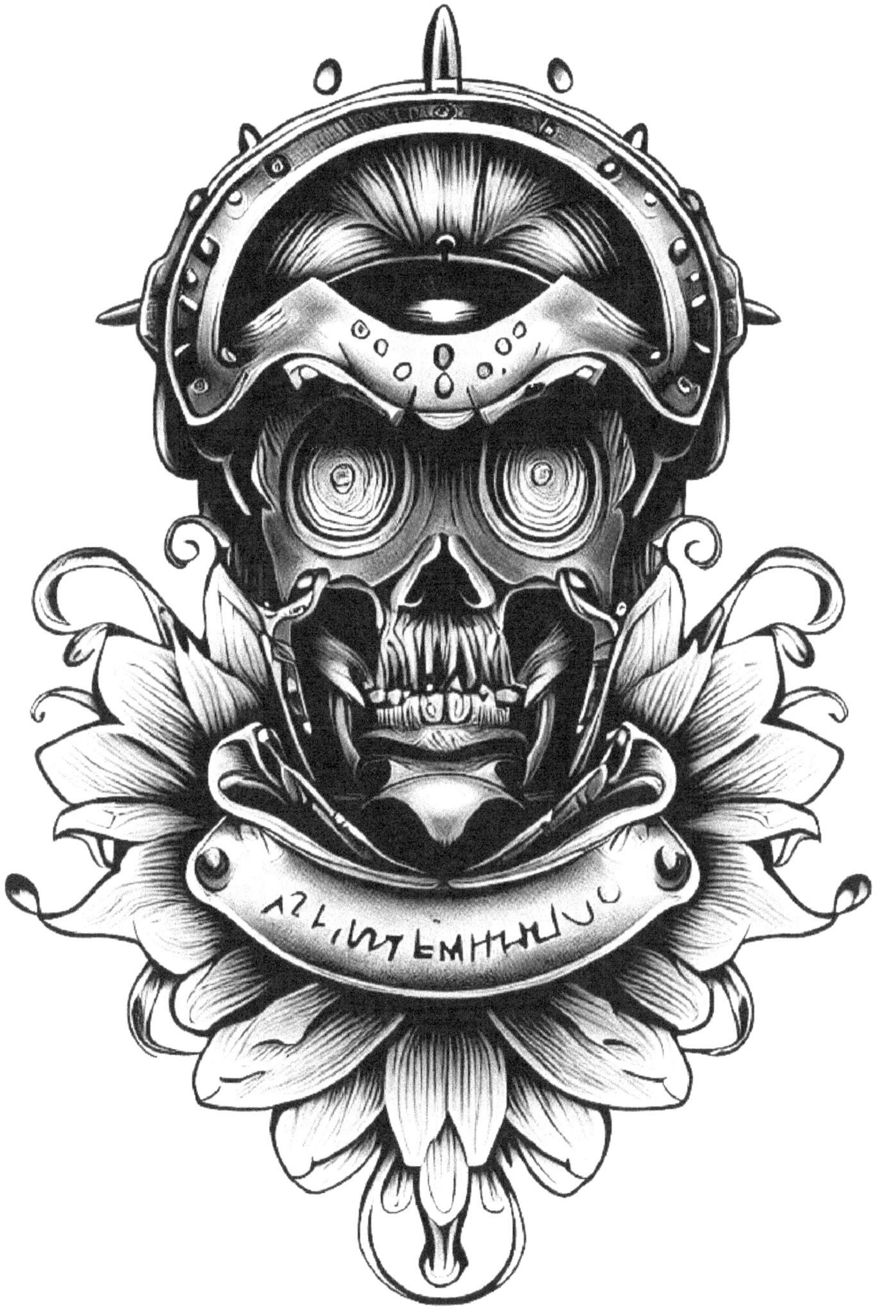

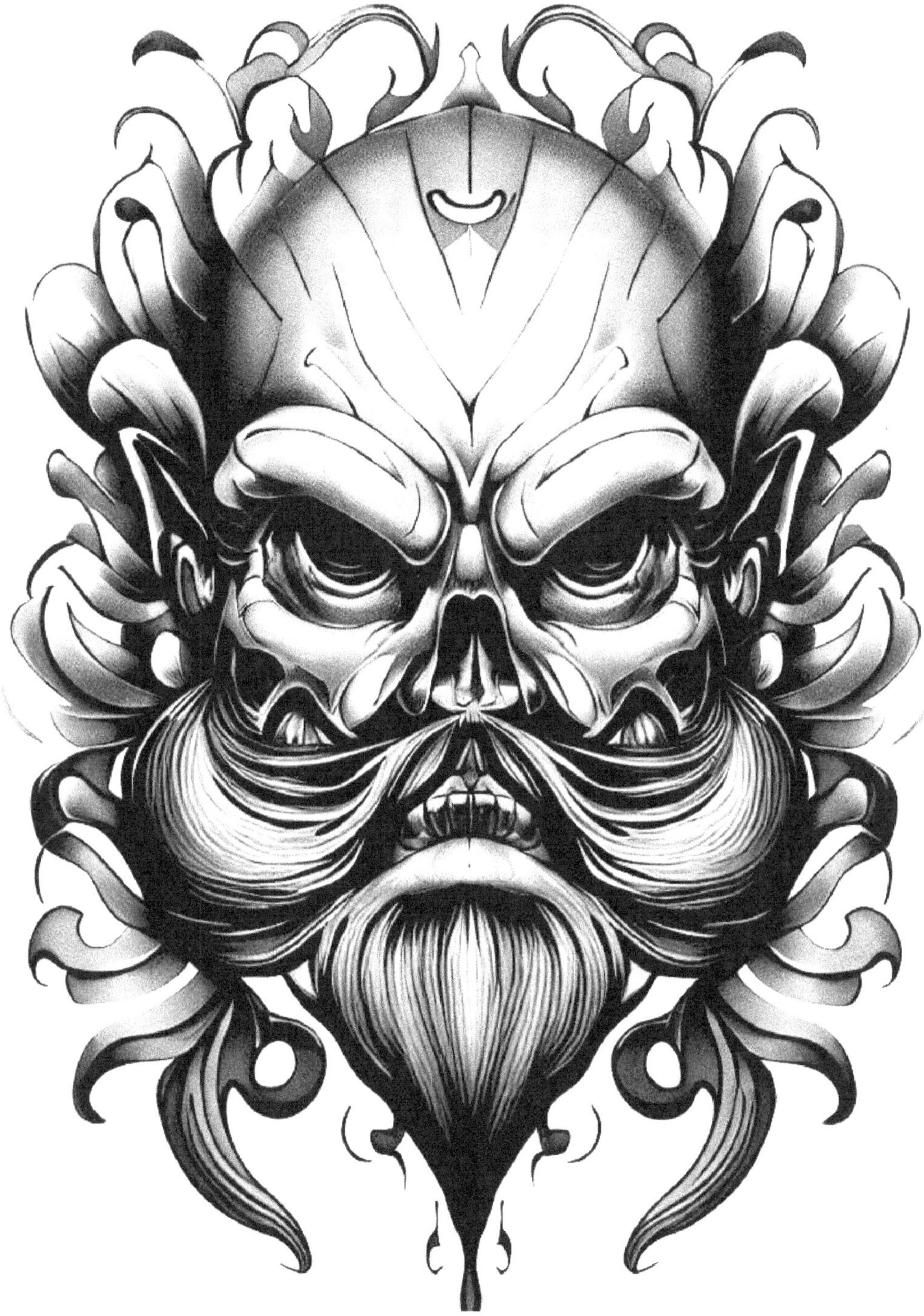

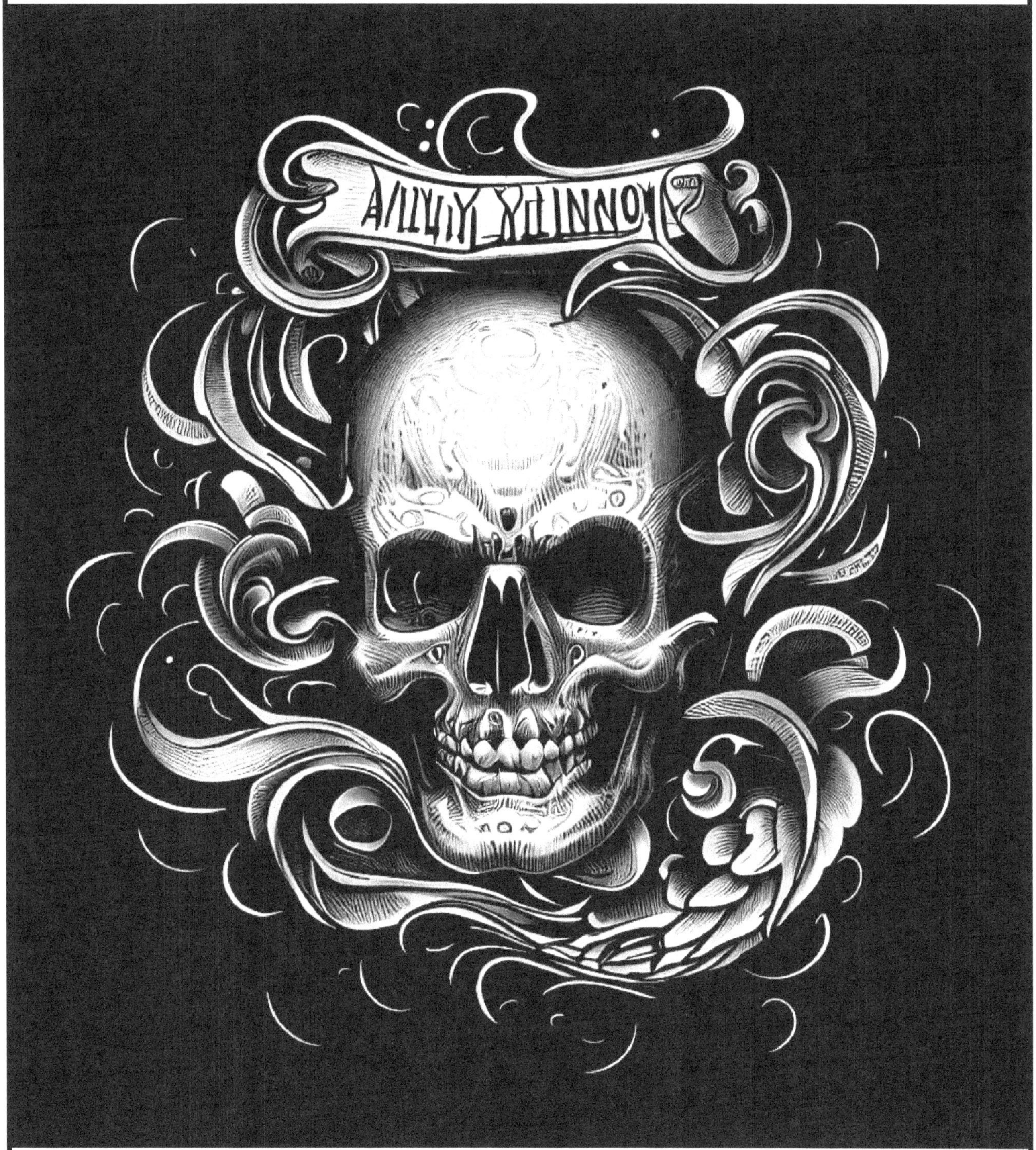

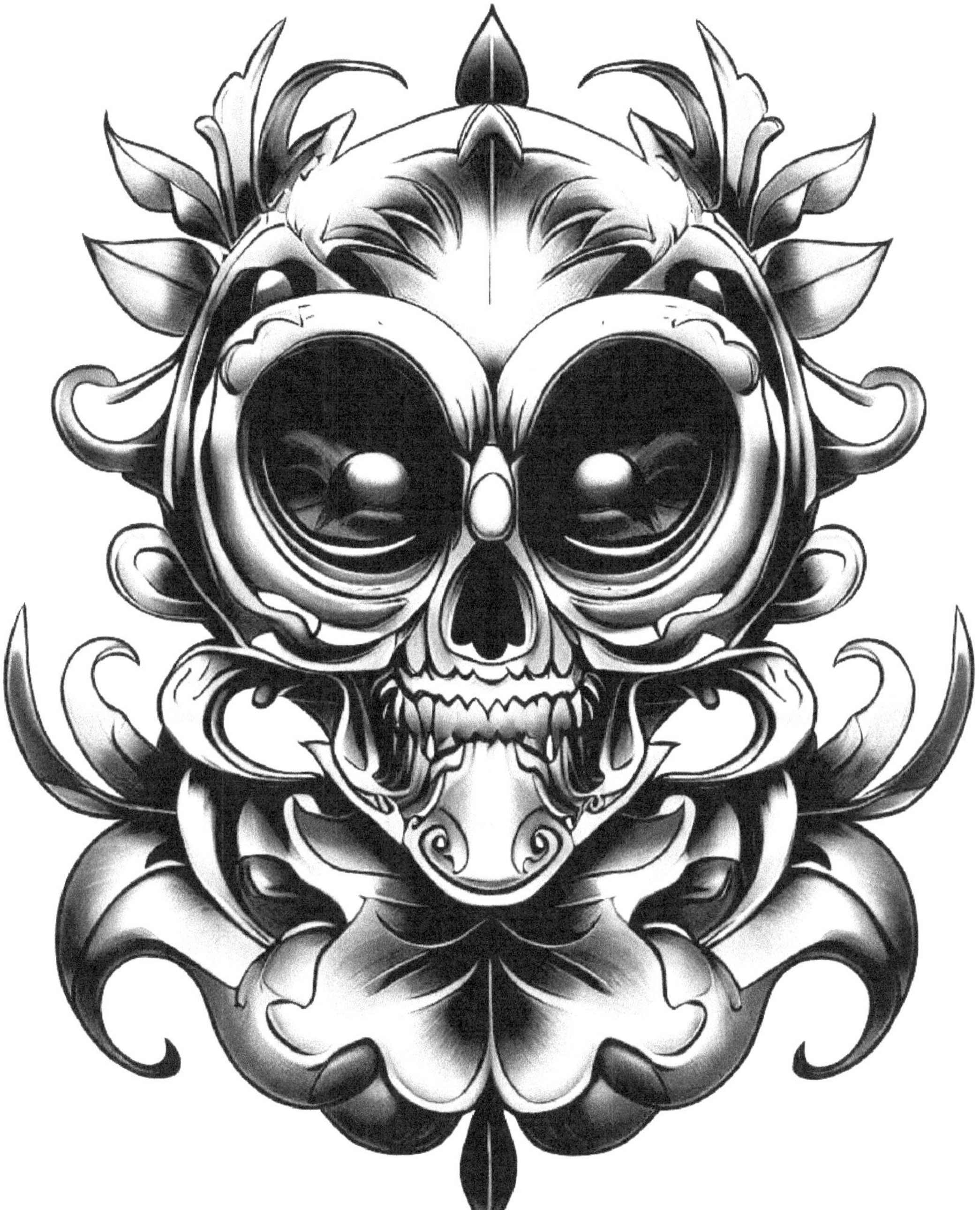

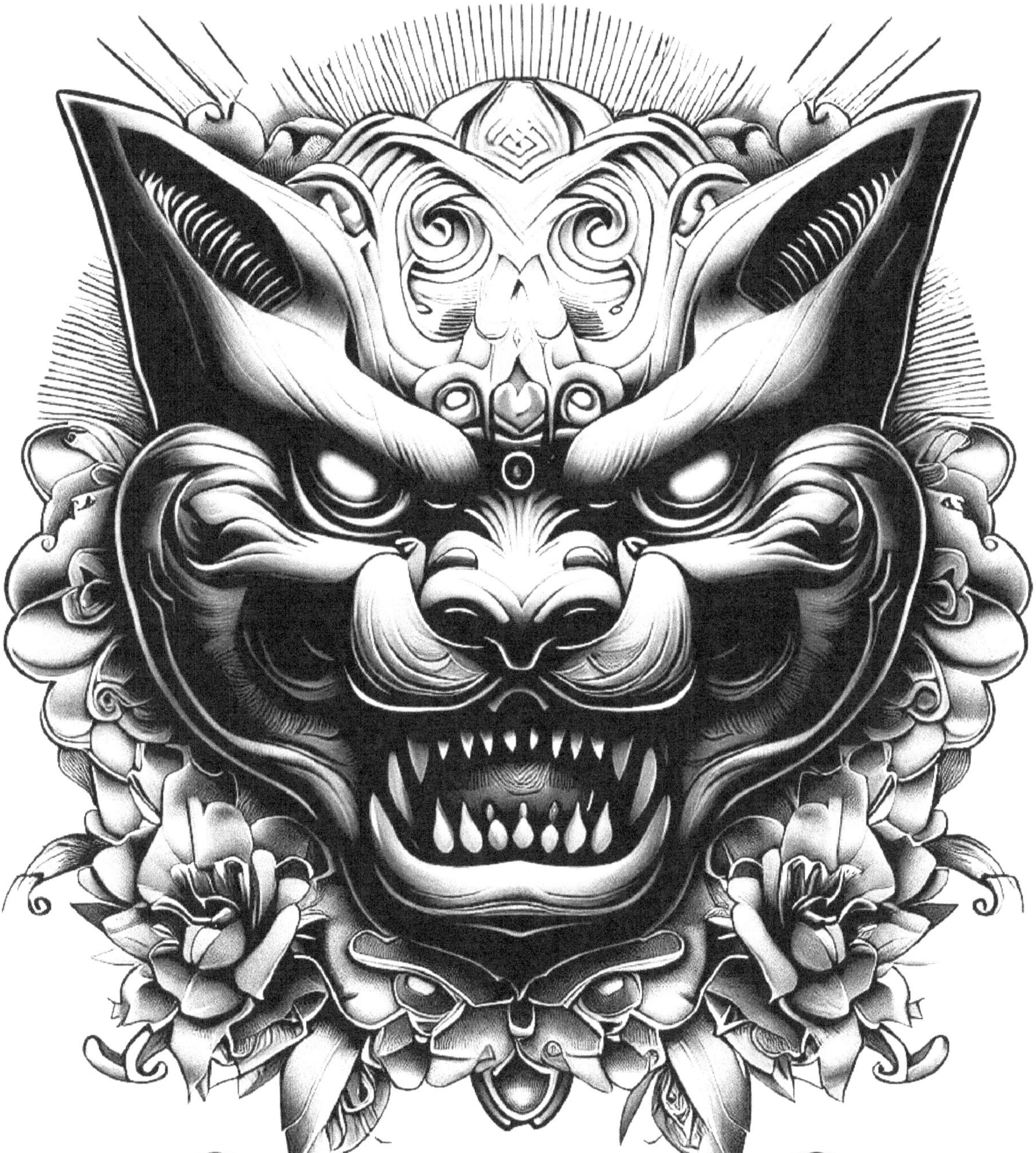
FNIY LIIIN

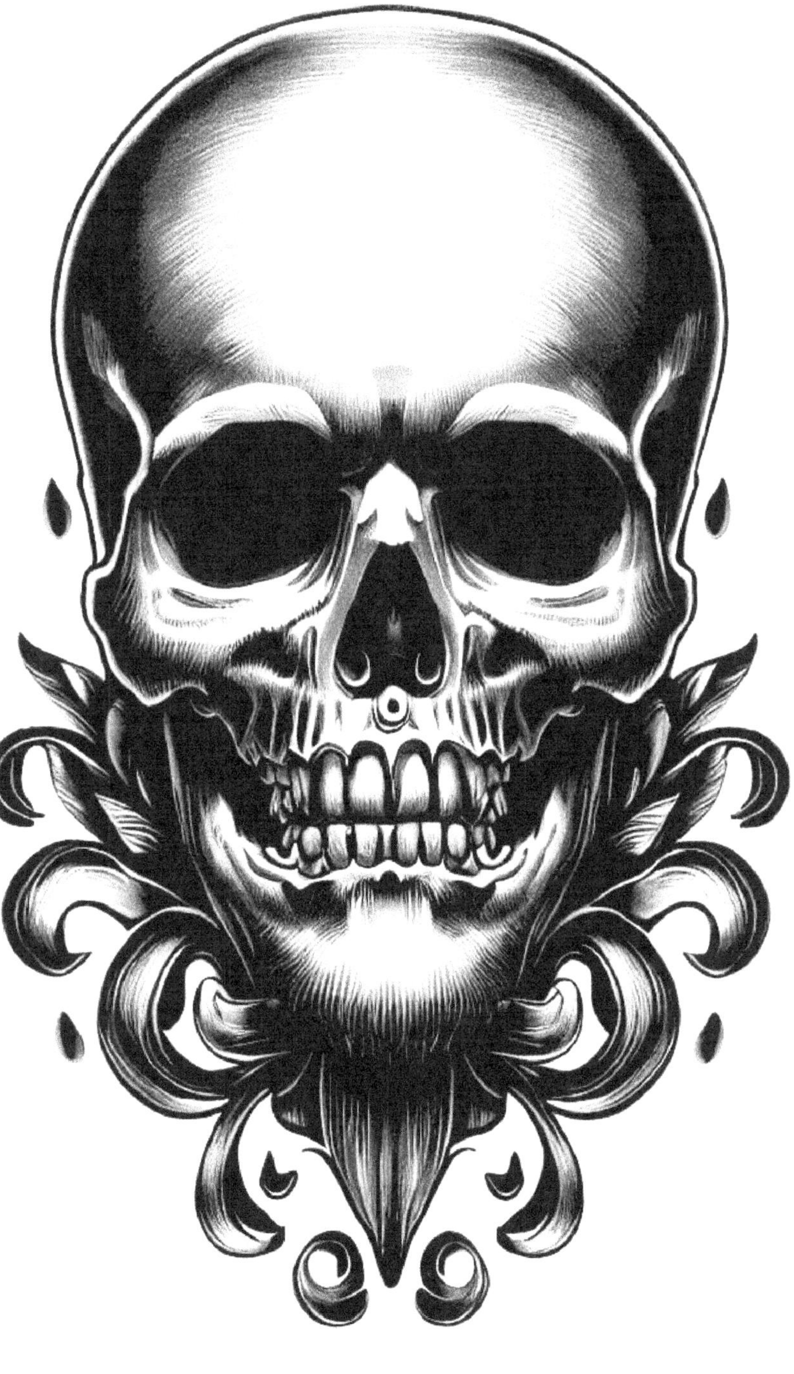

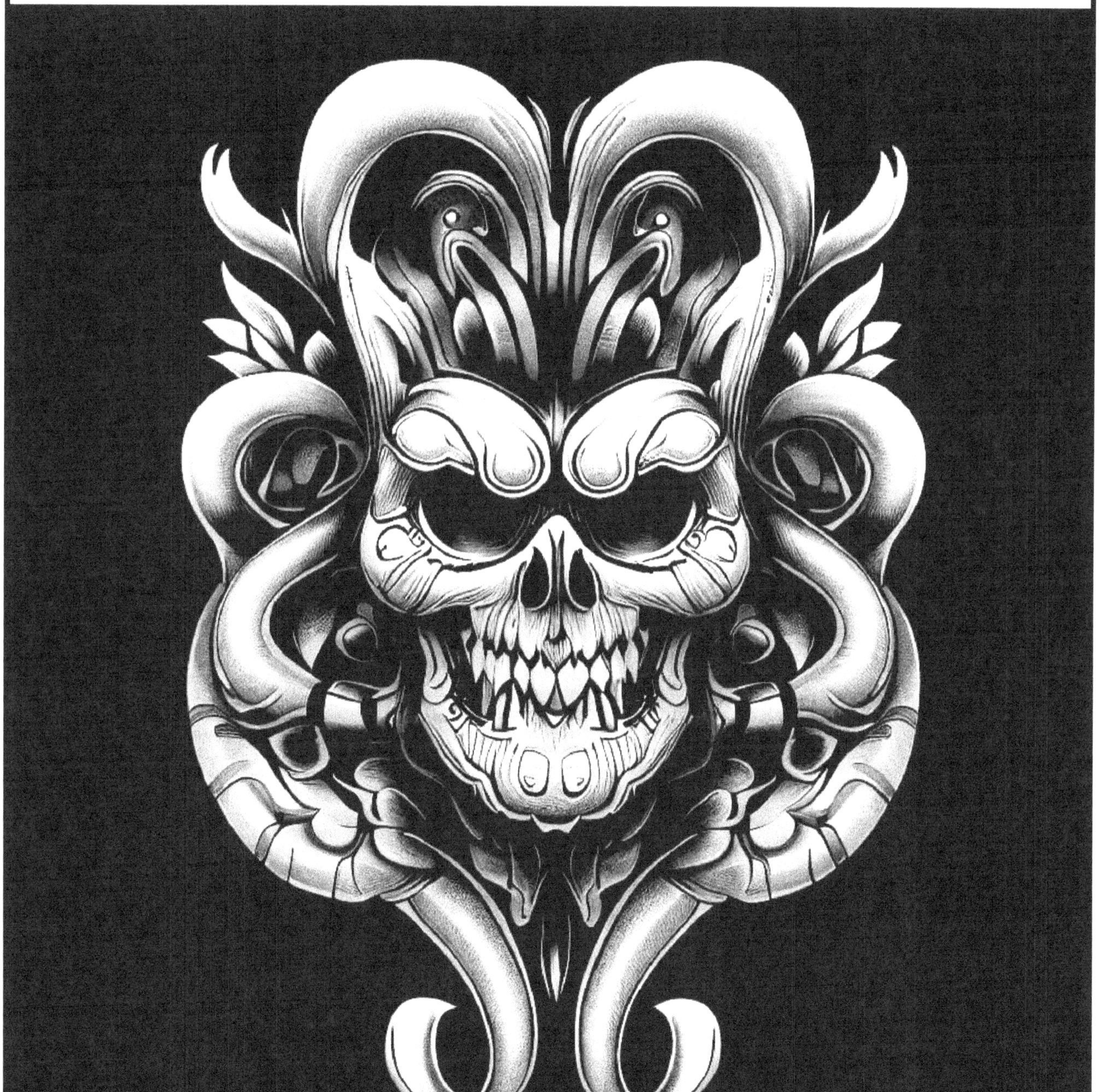

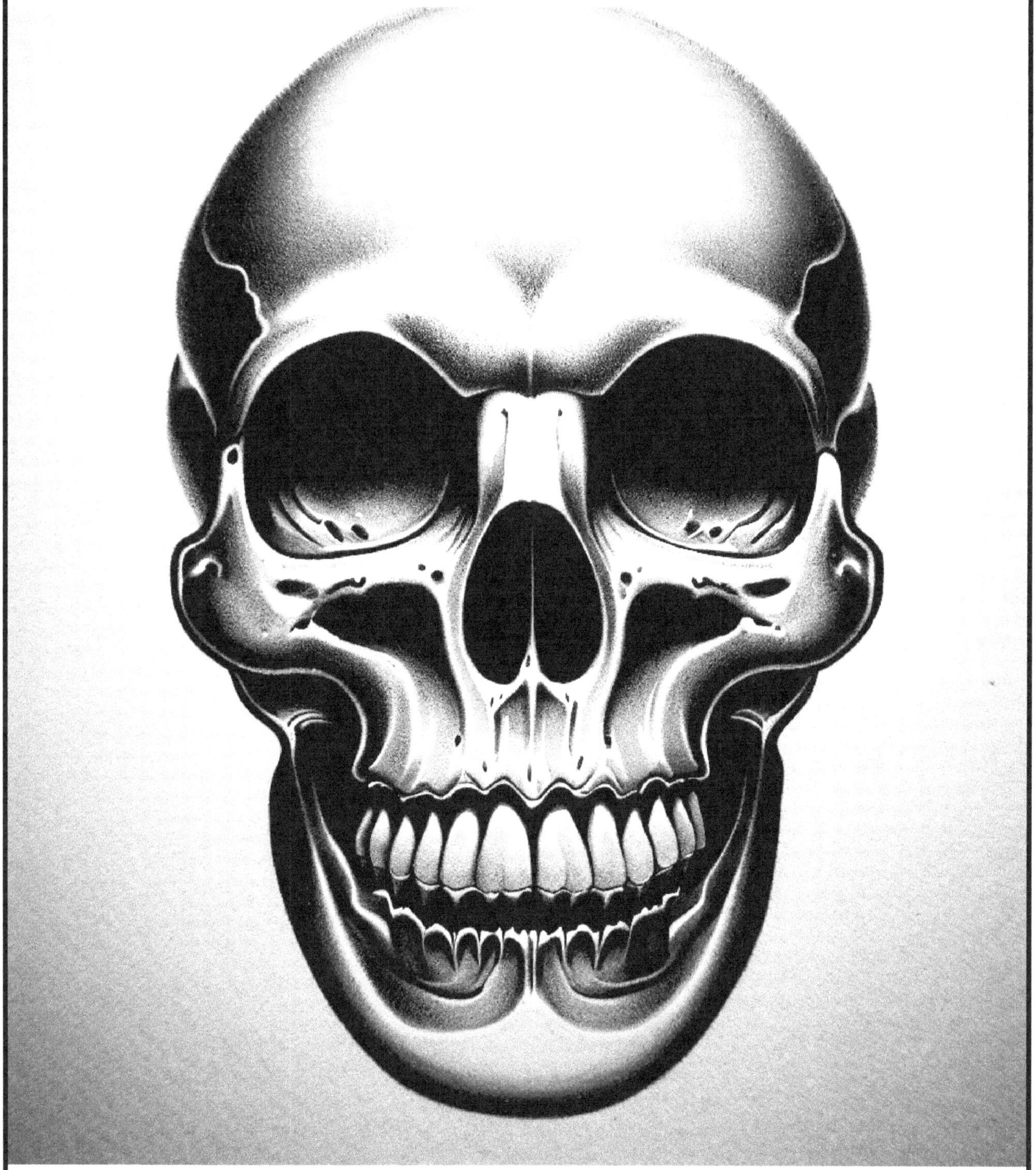

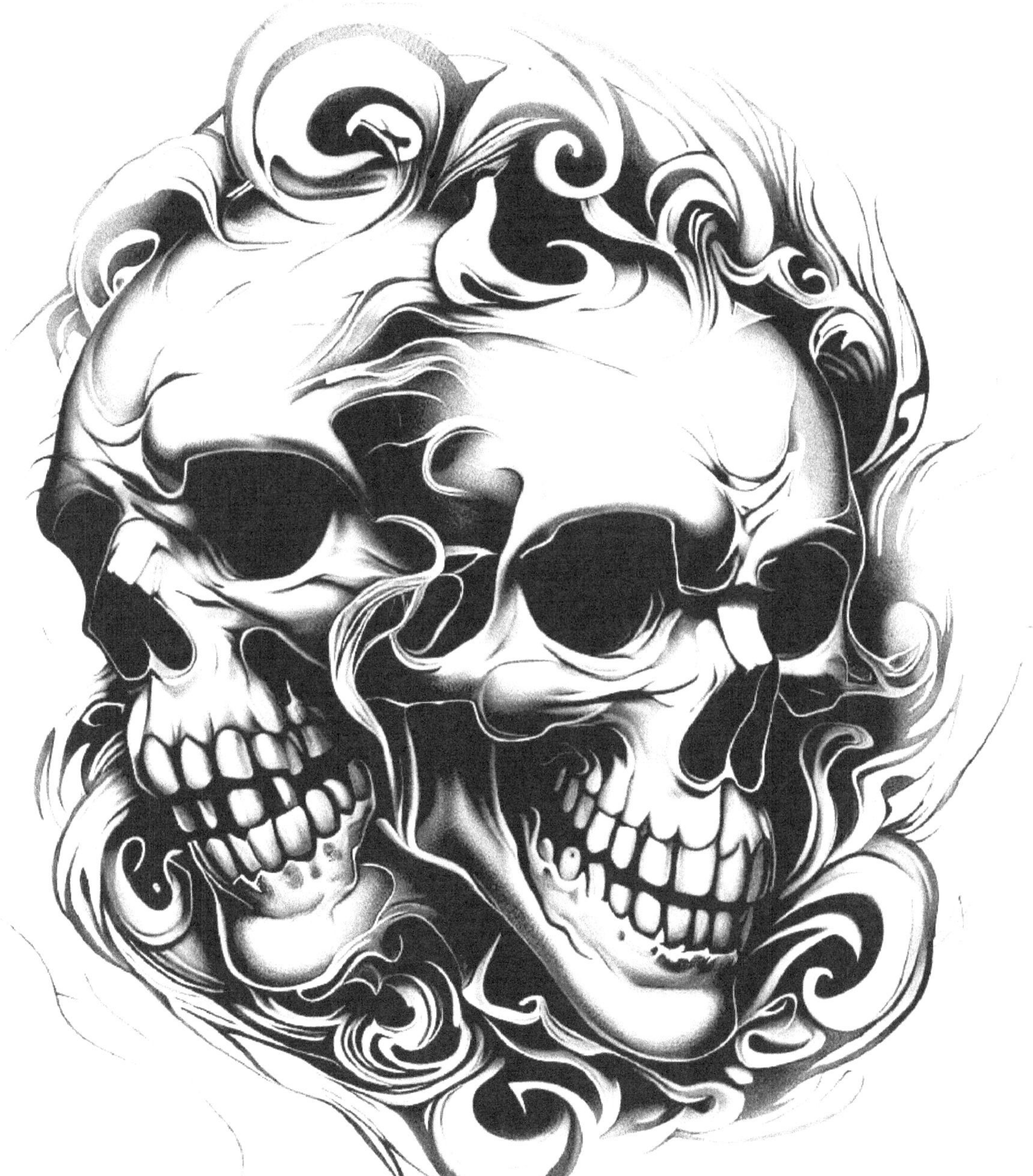

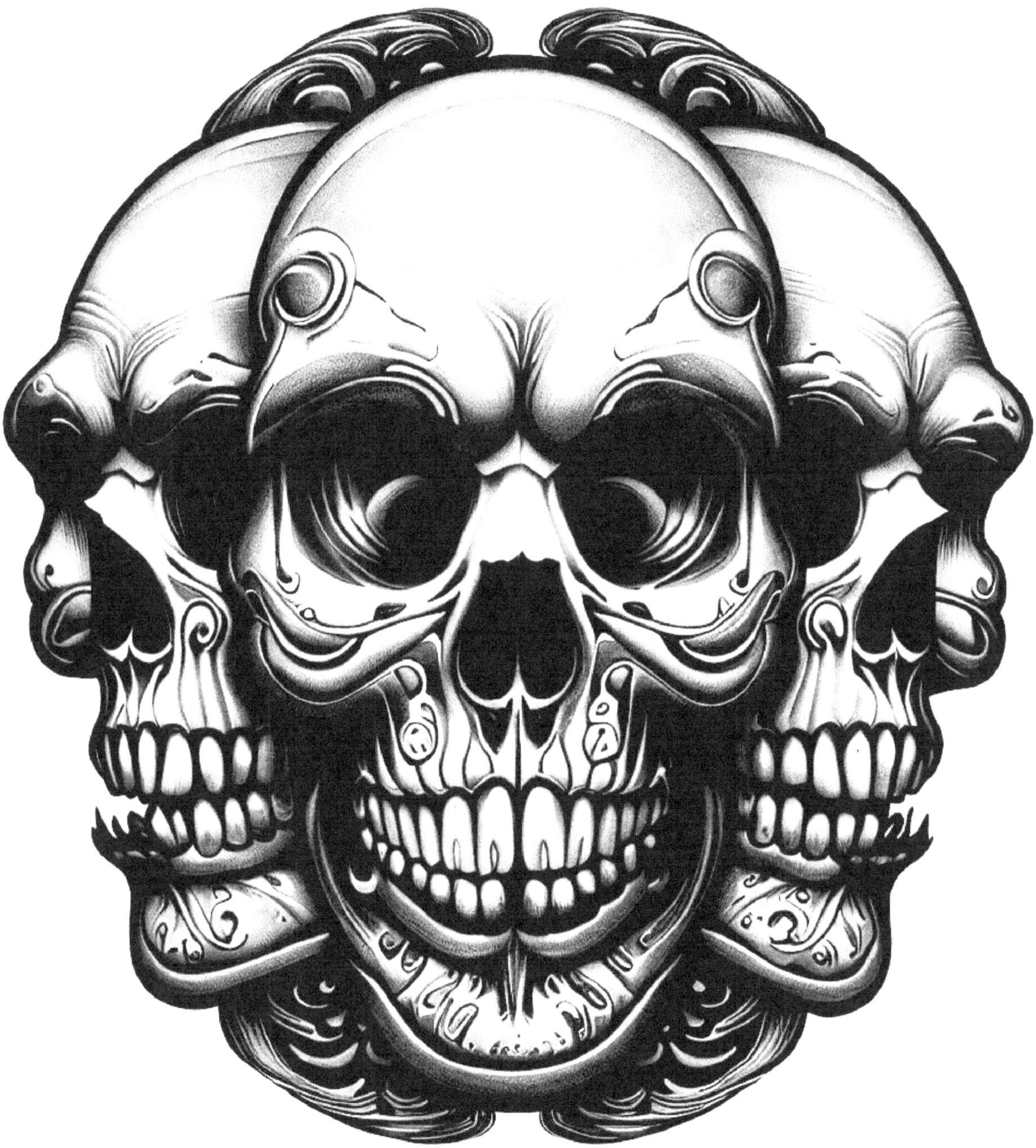

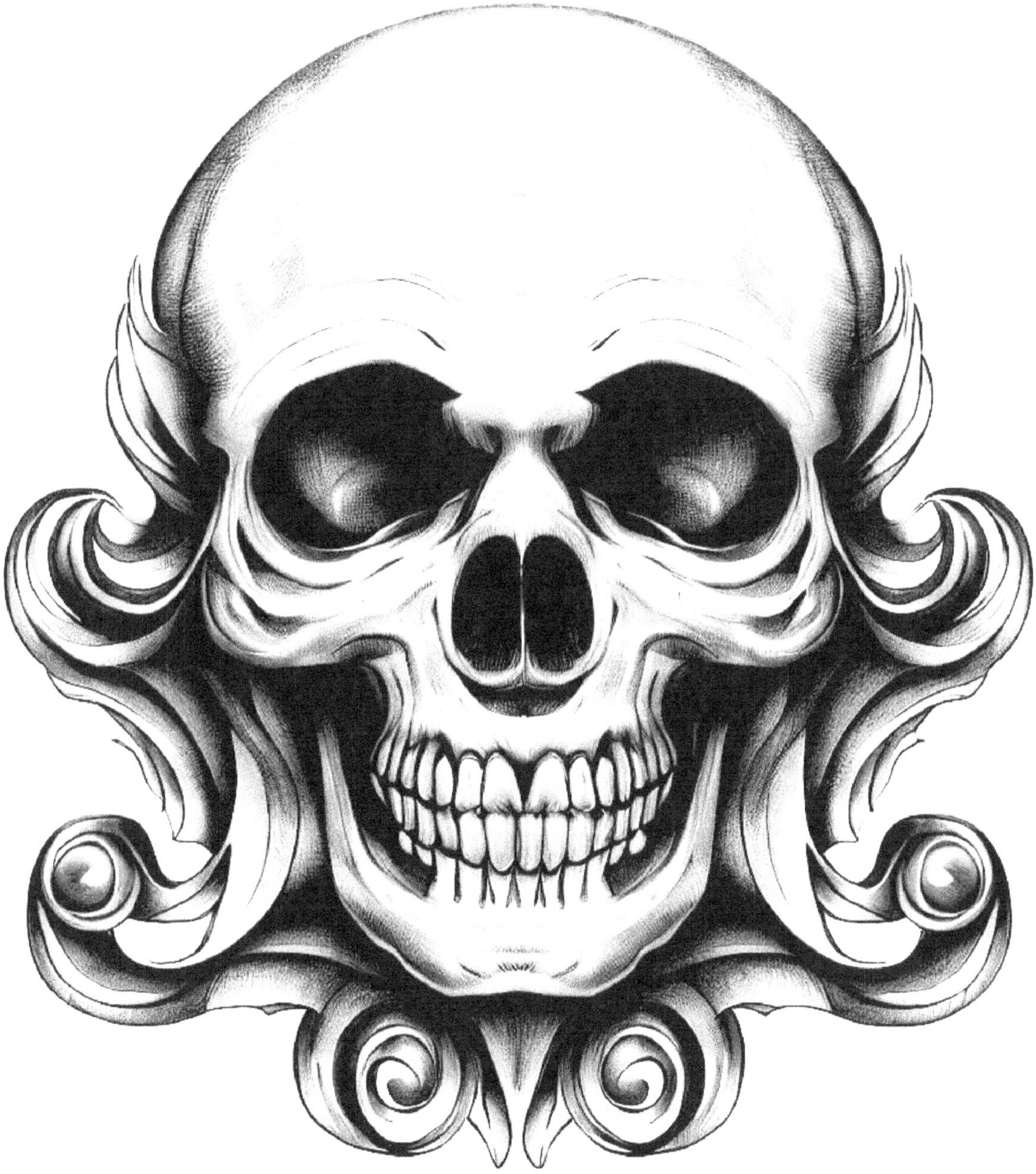

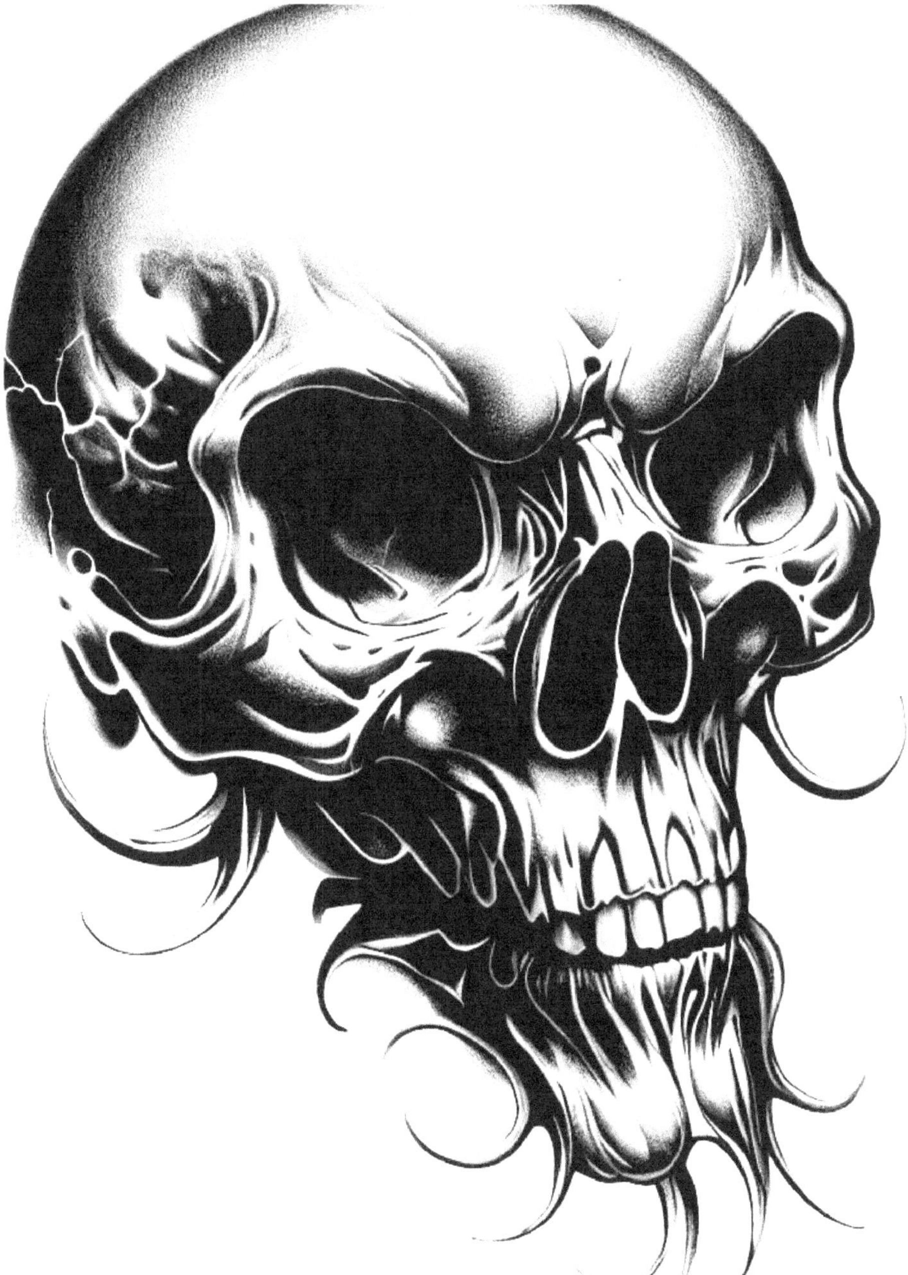

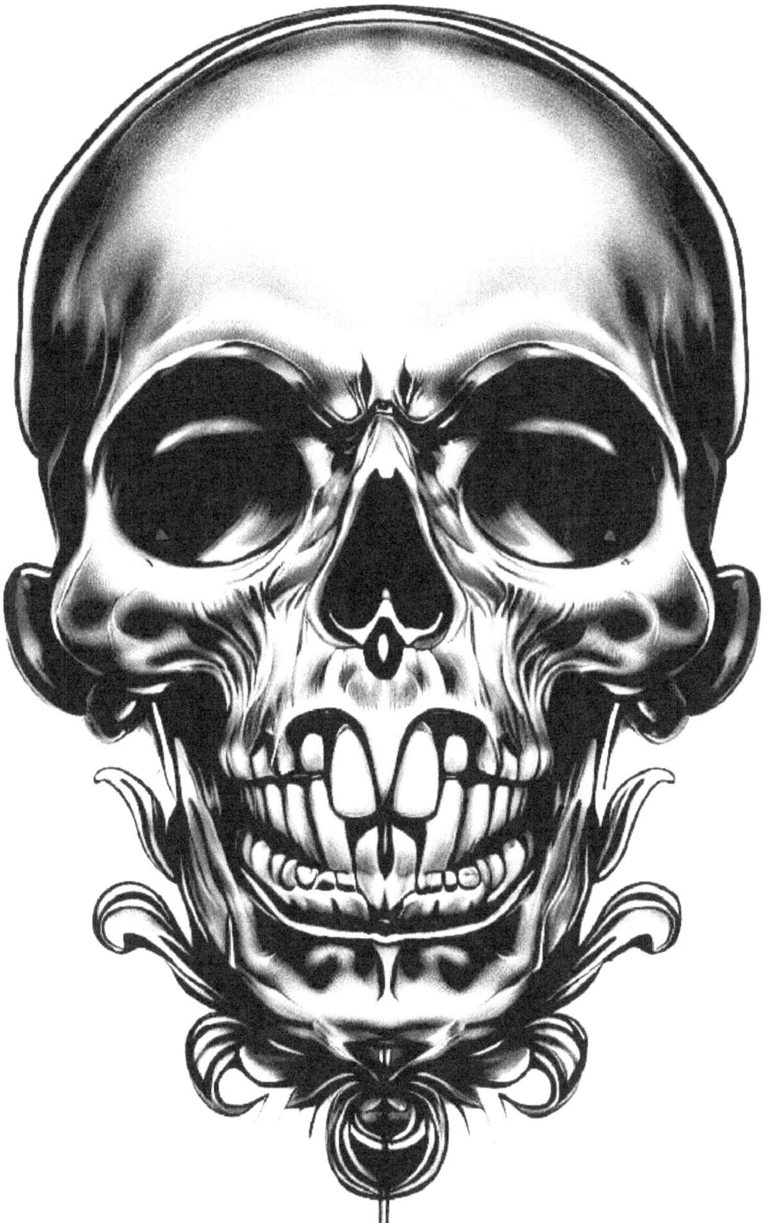

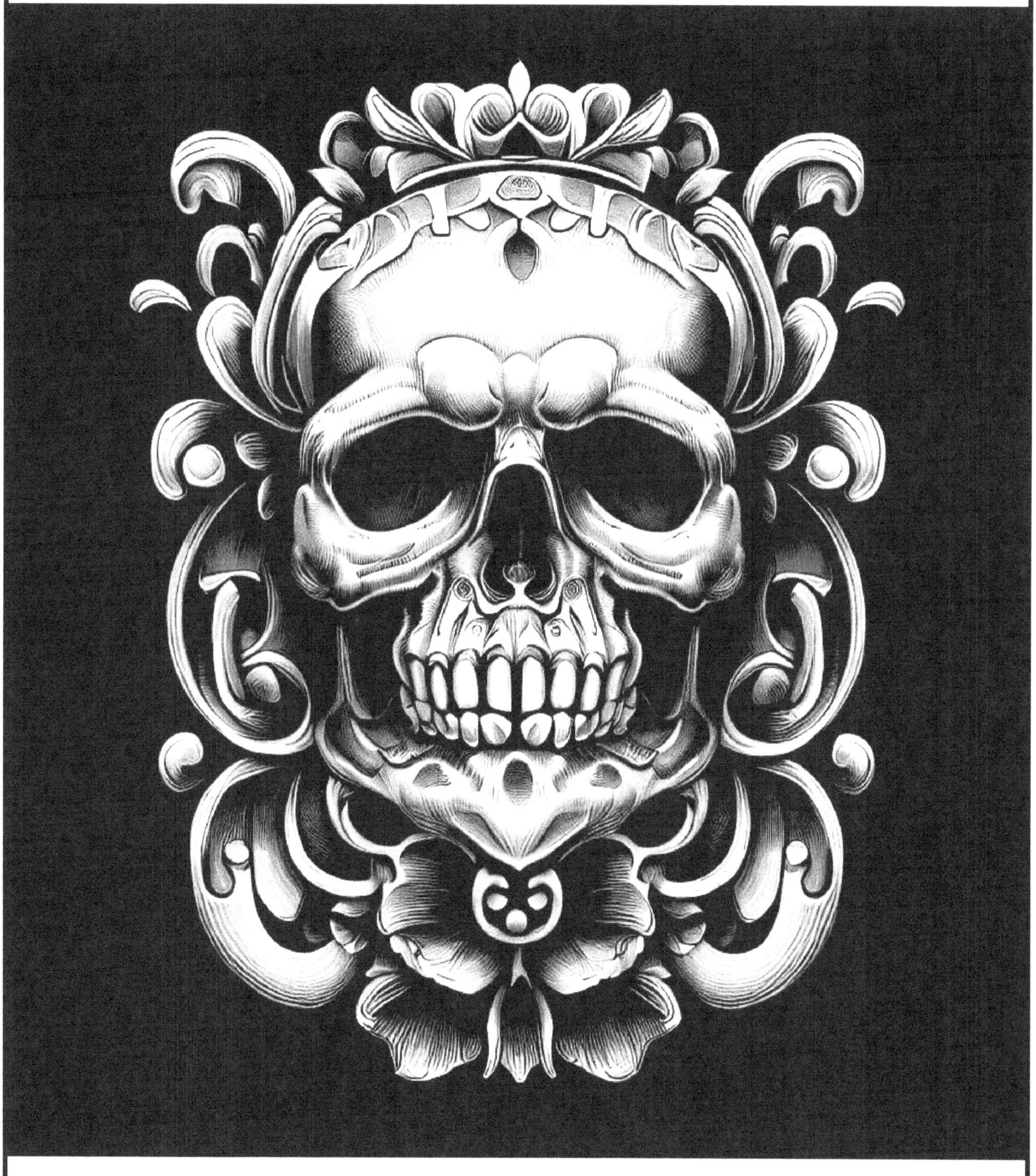

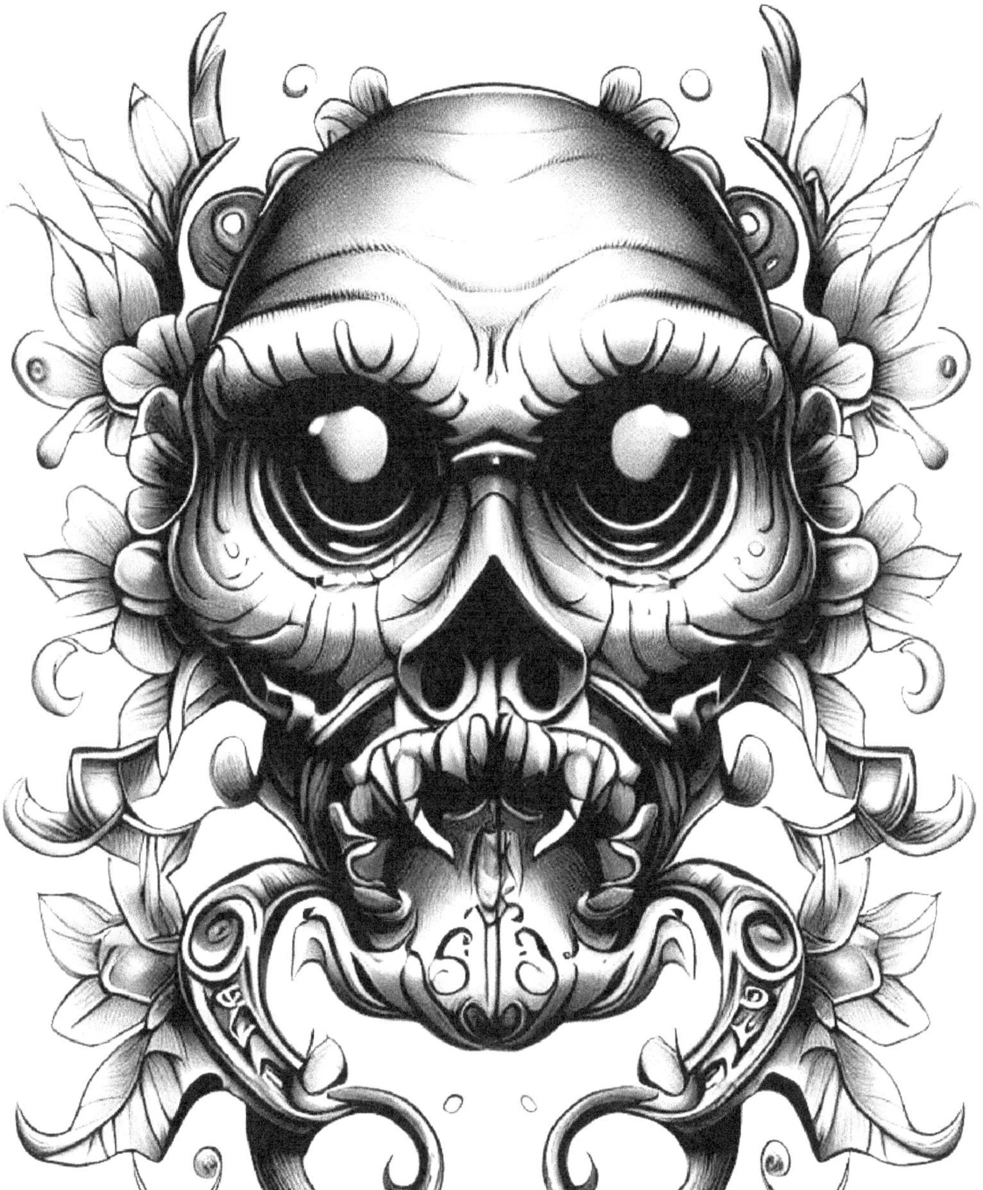

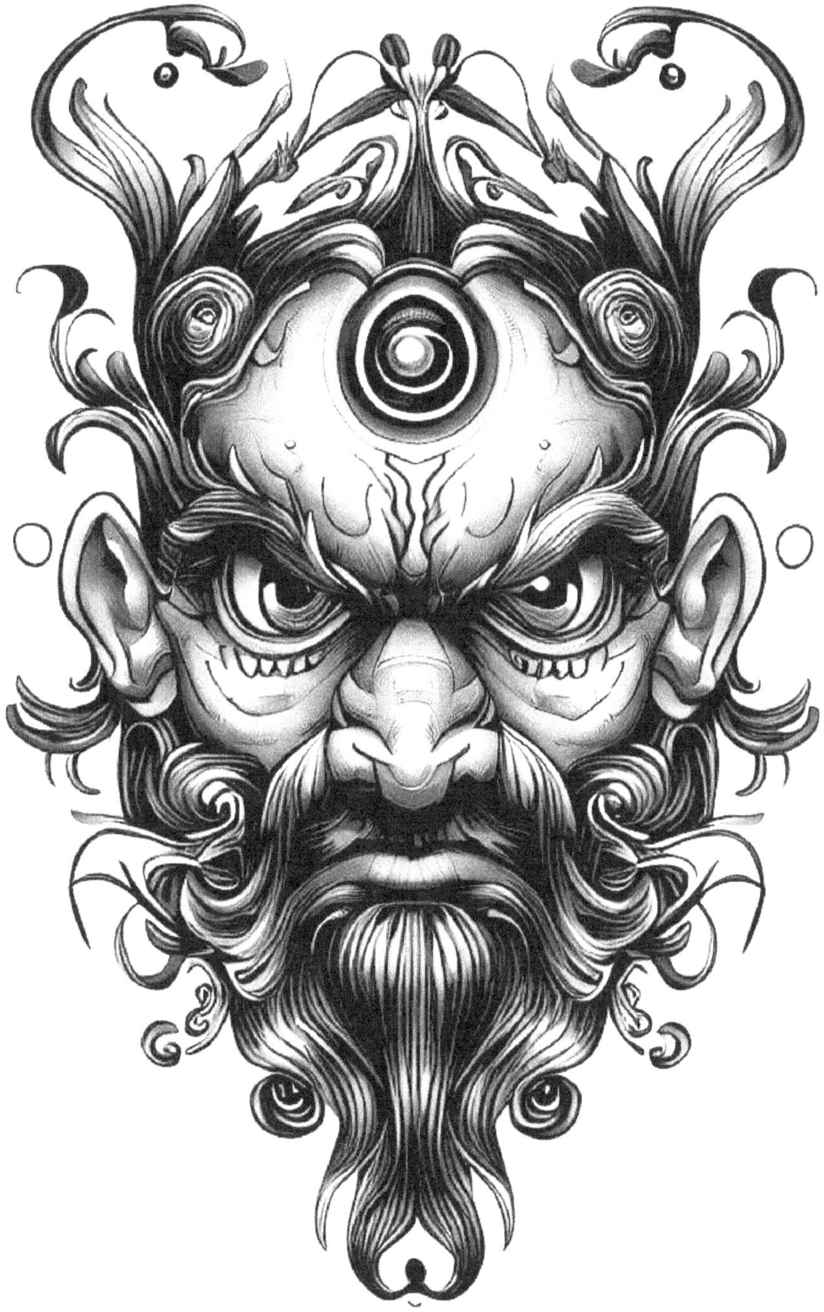

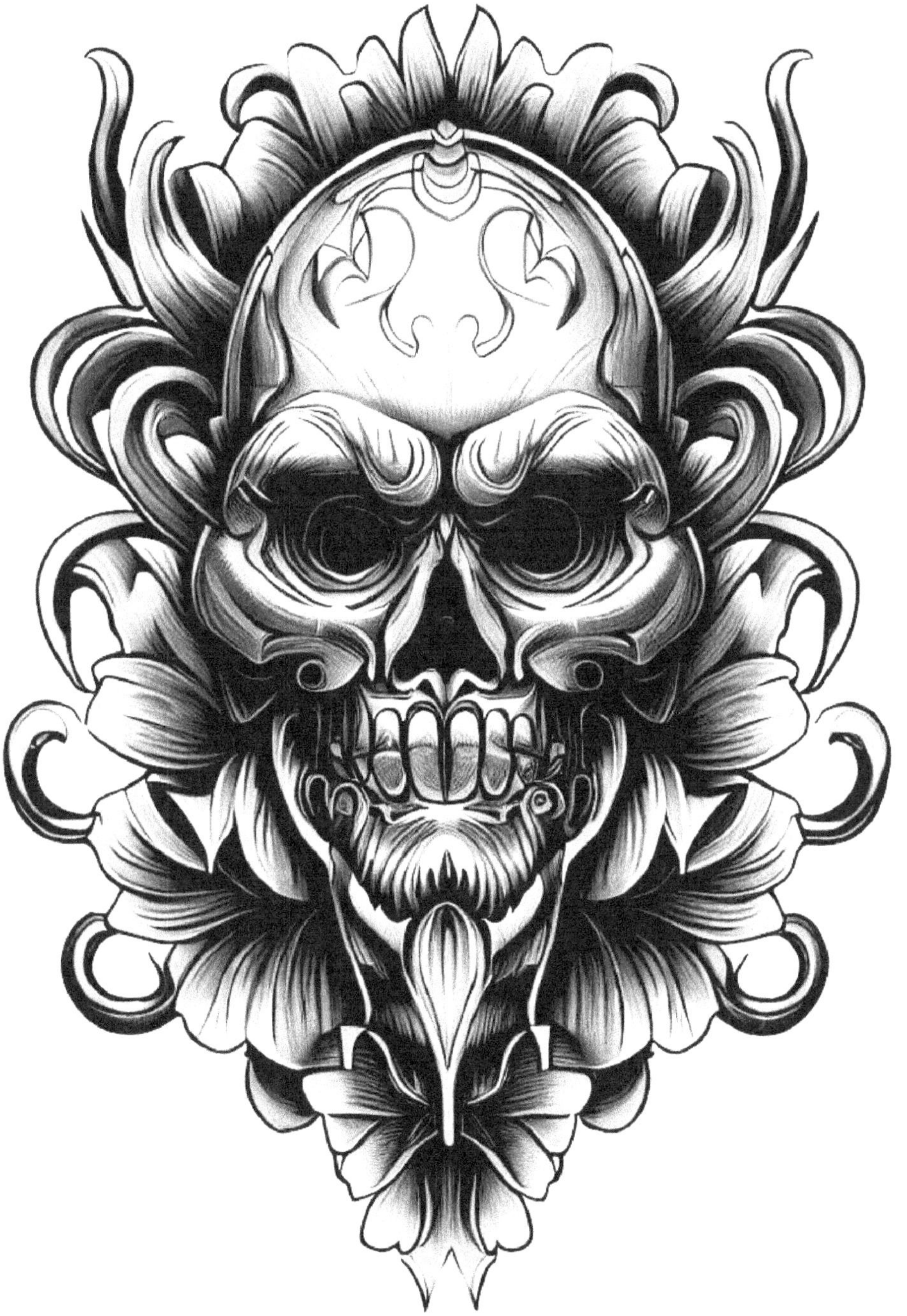

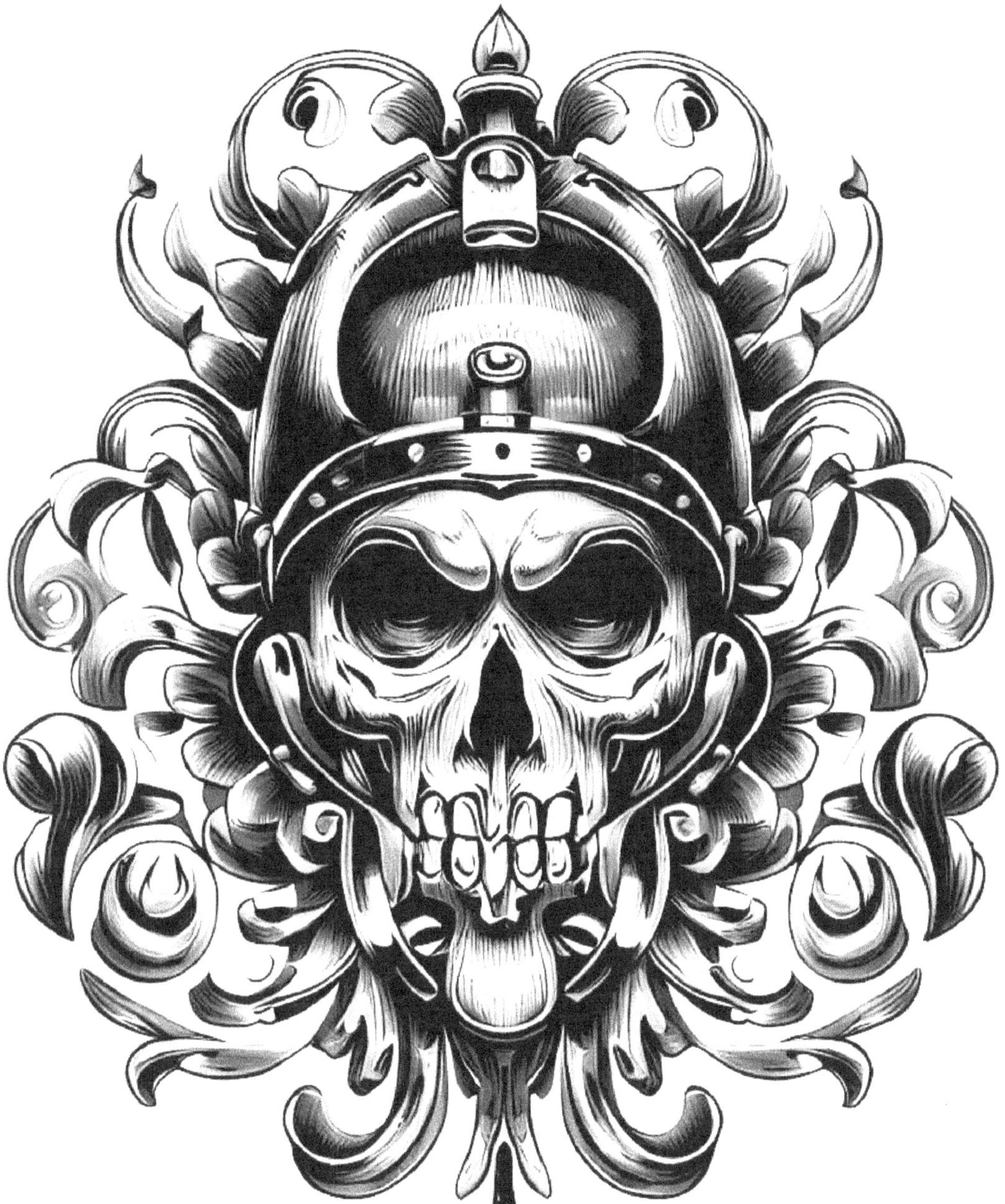

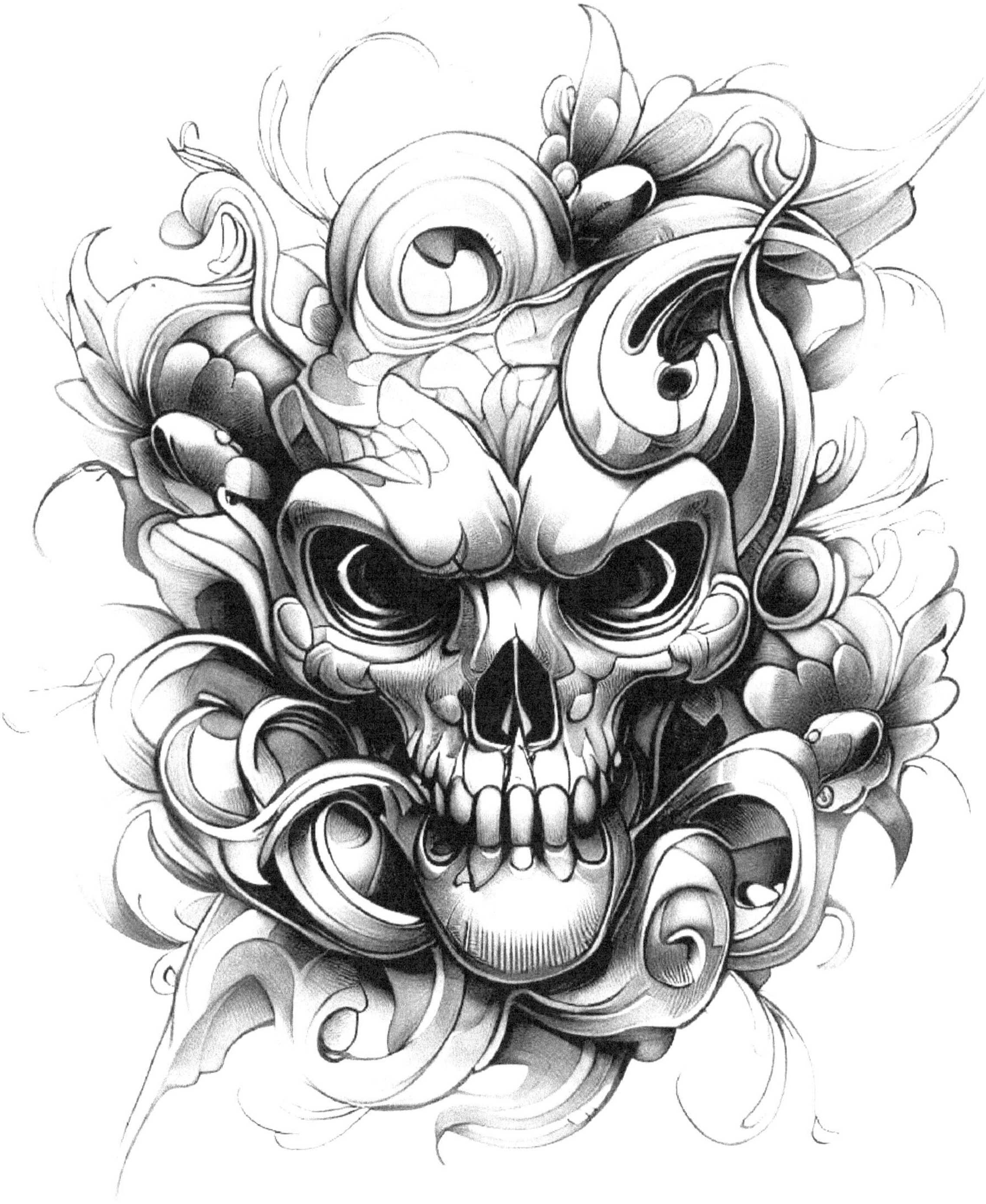

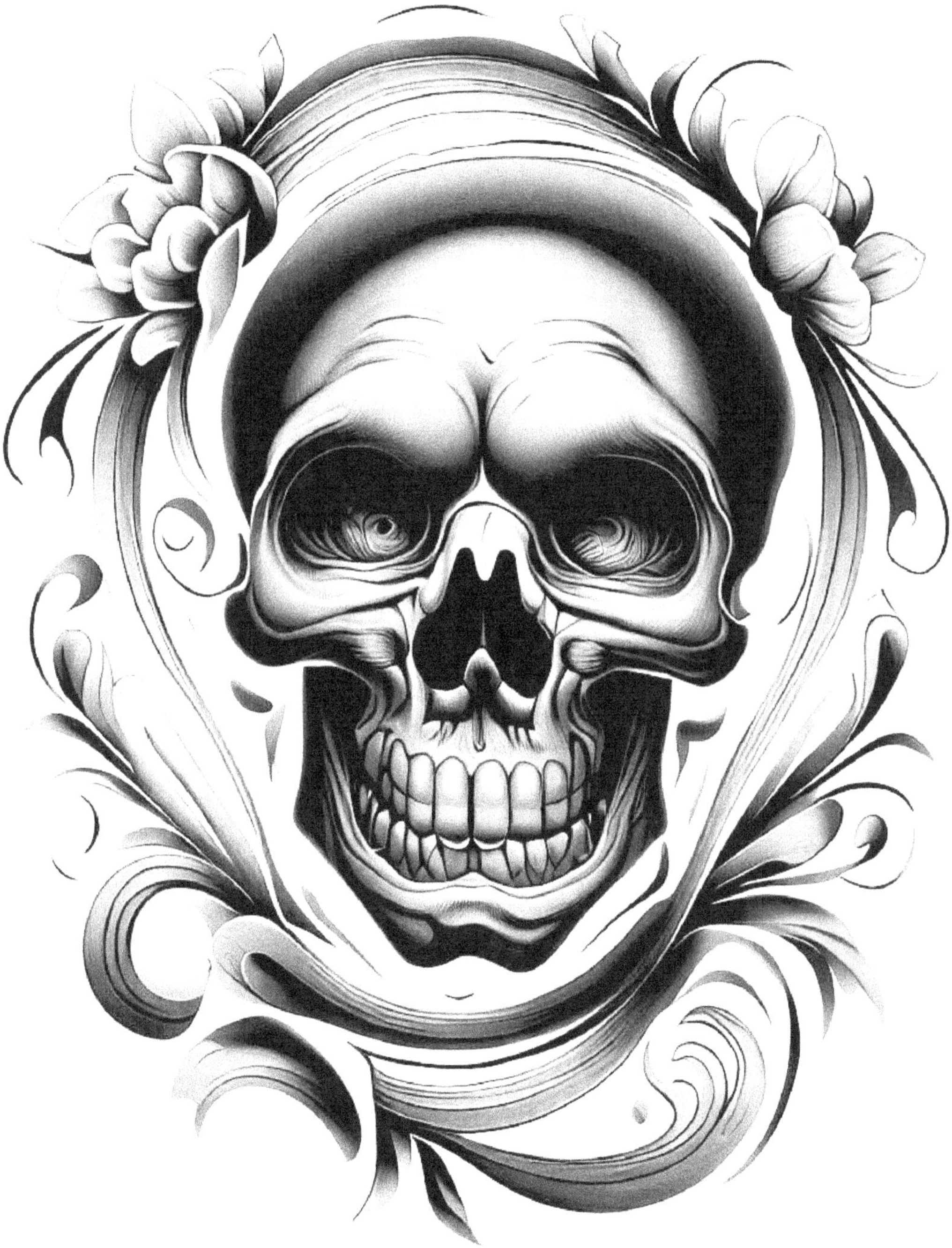

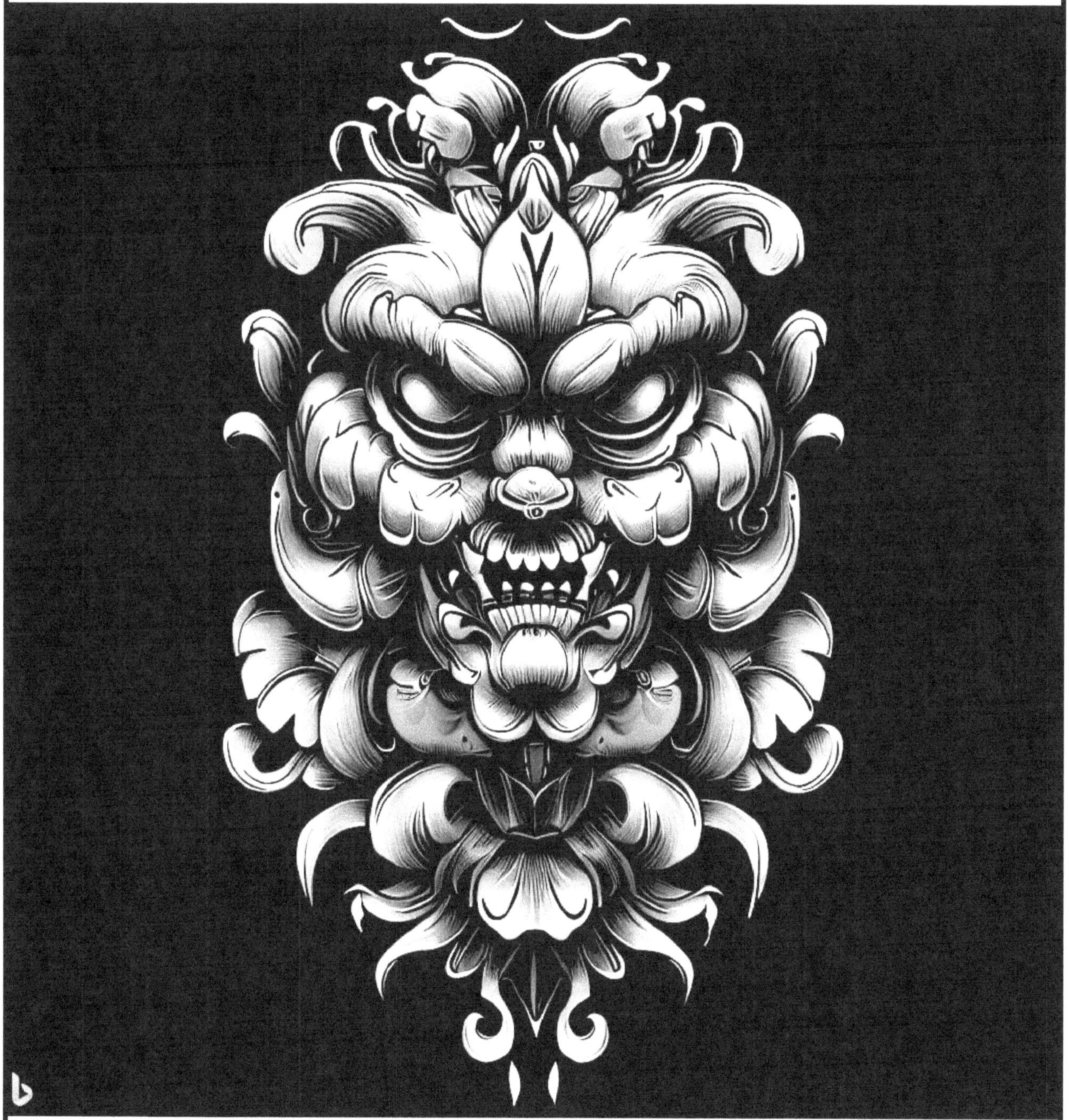

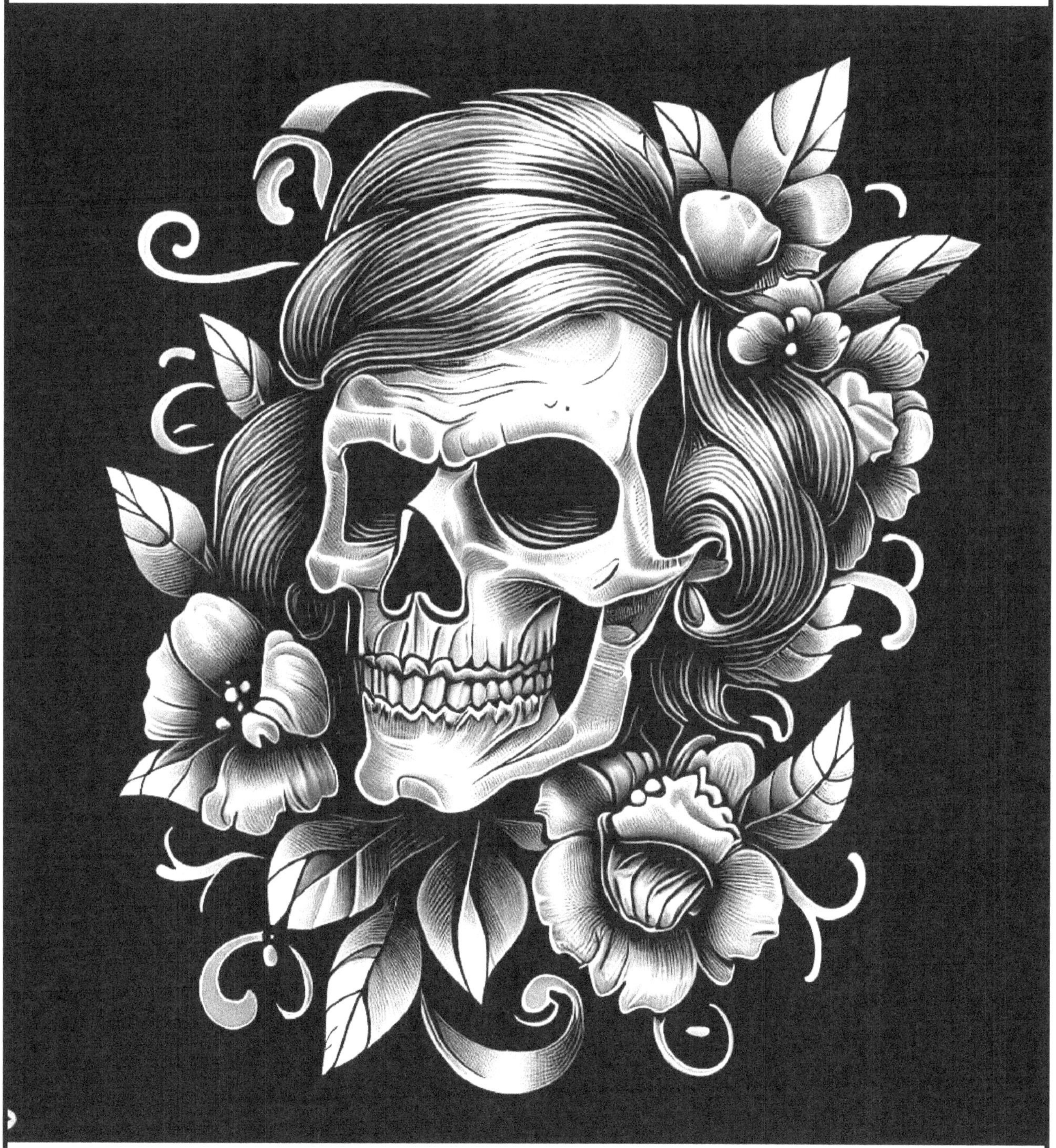

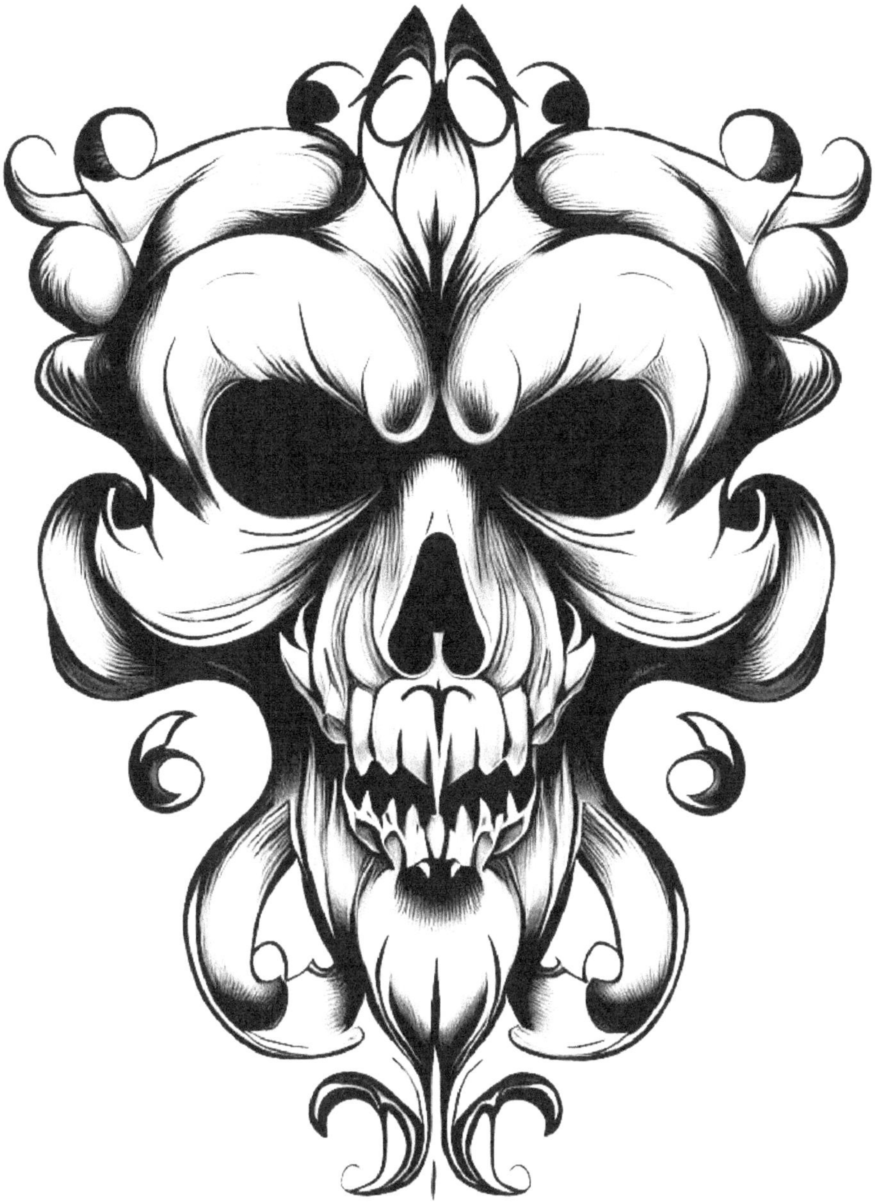

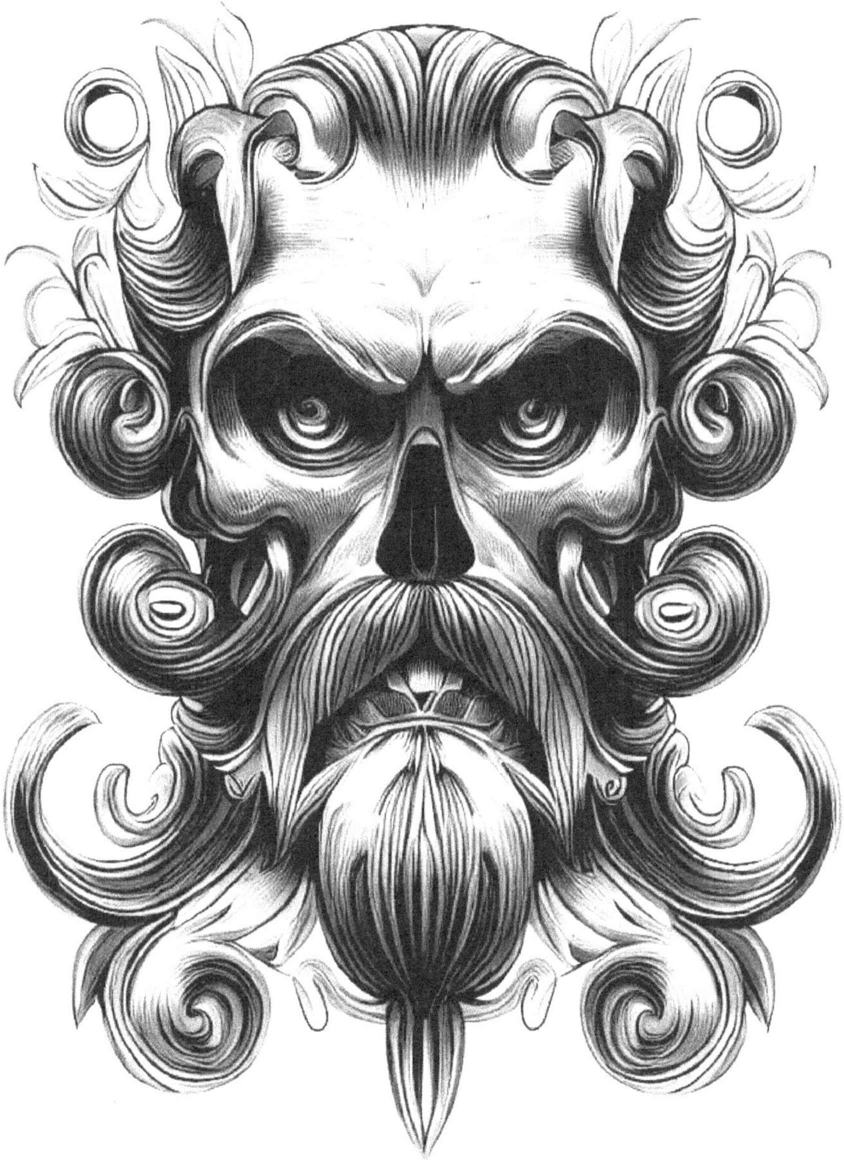

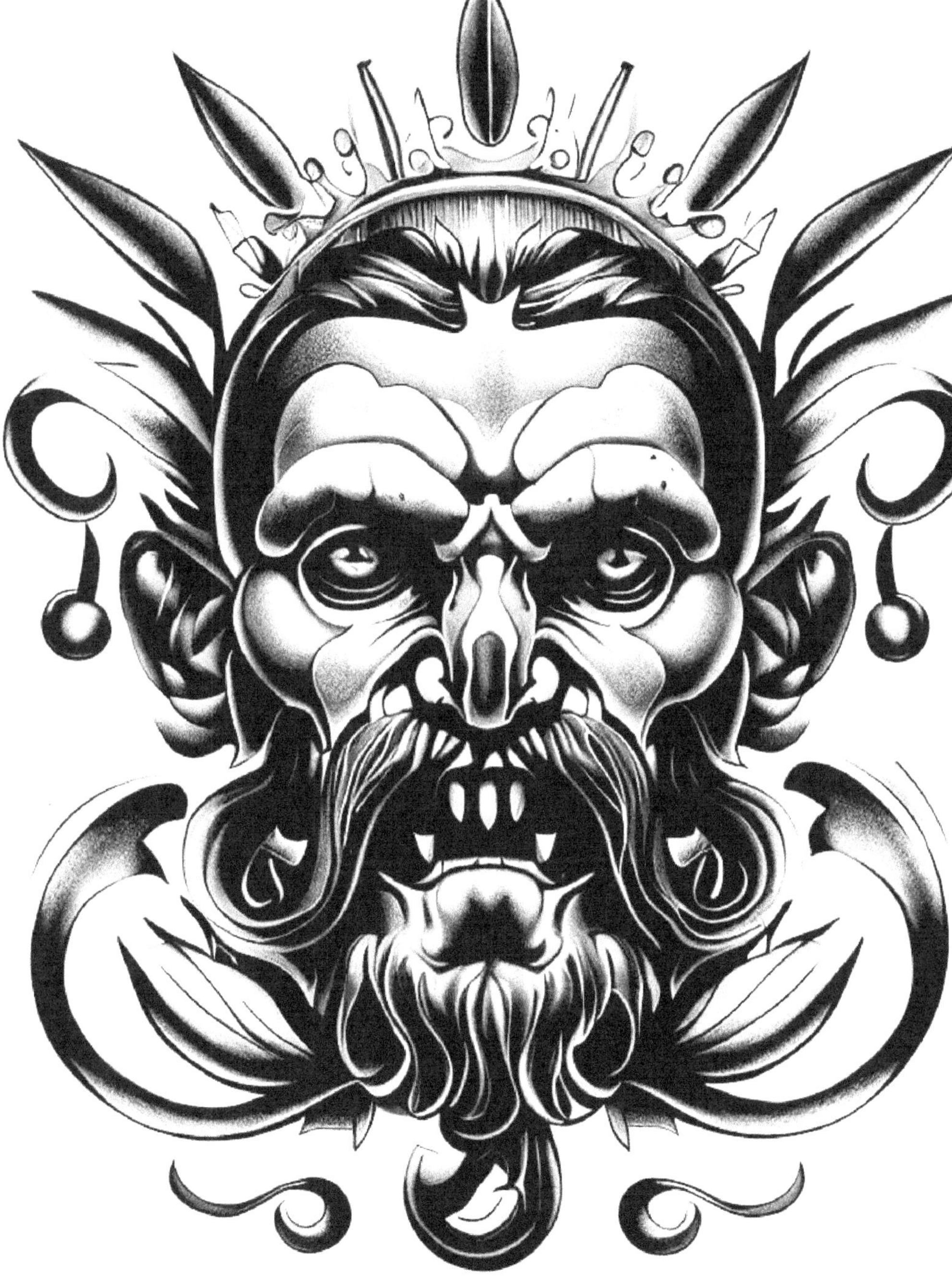

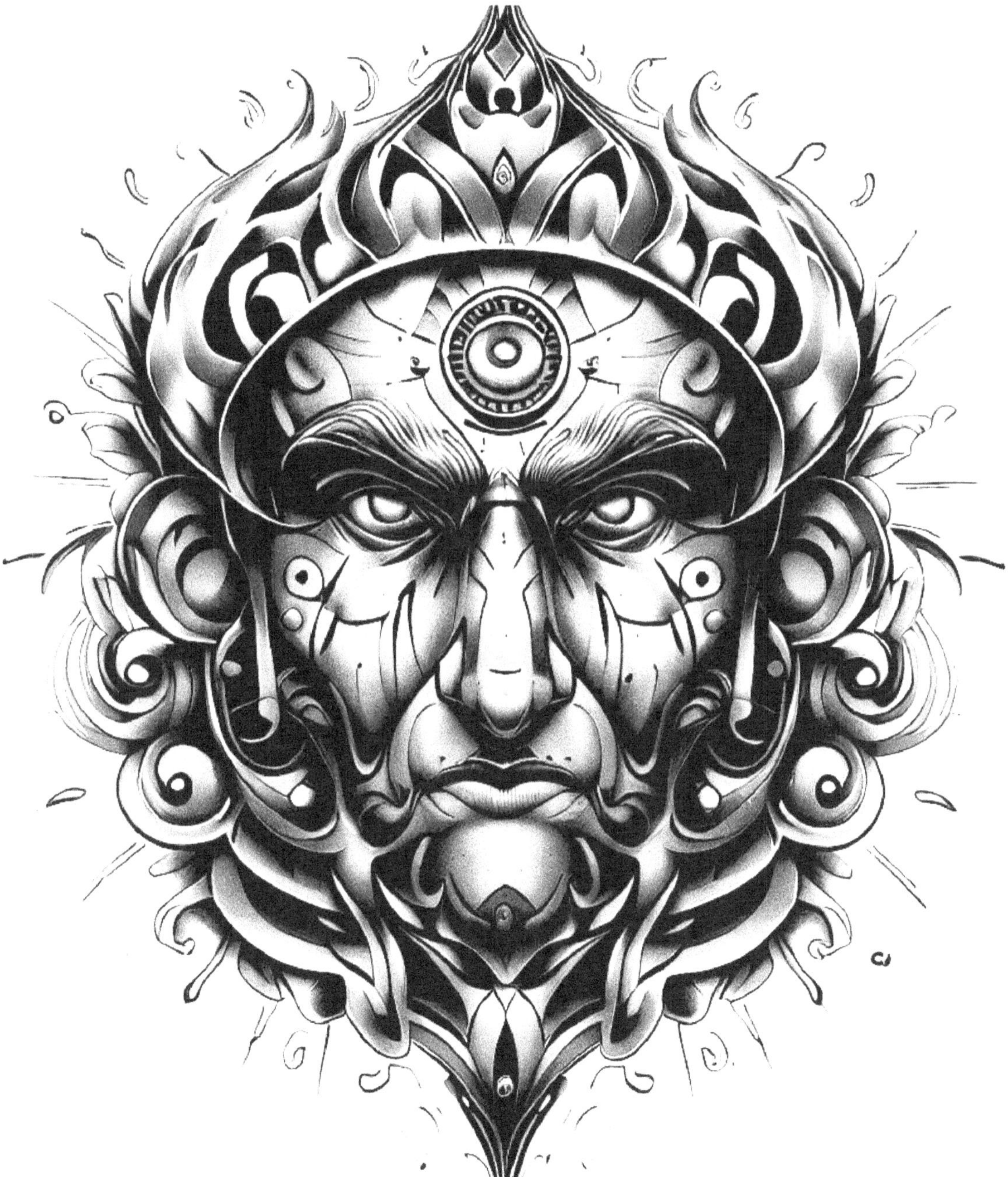

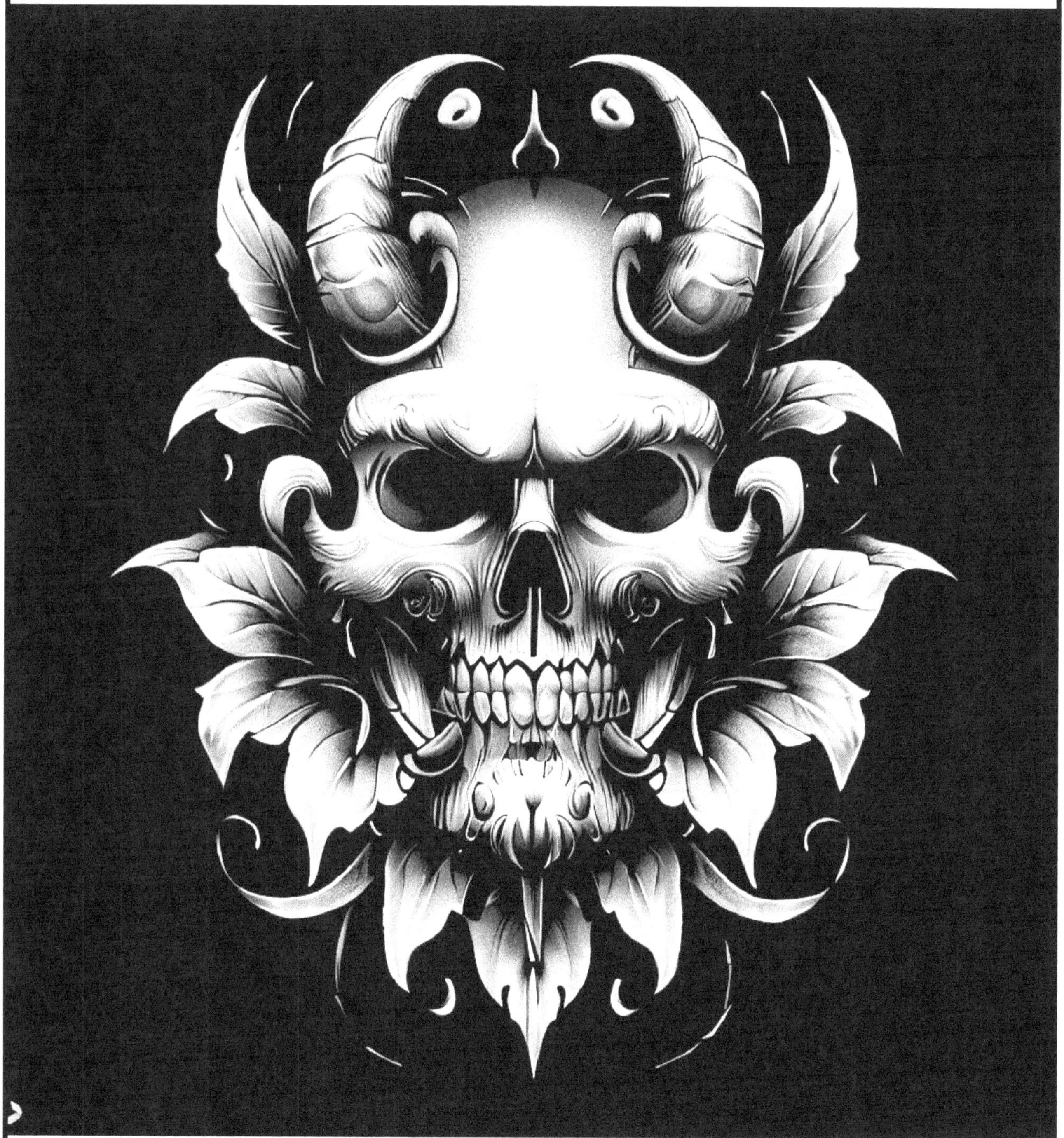

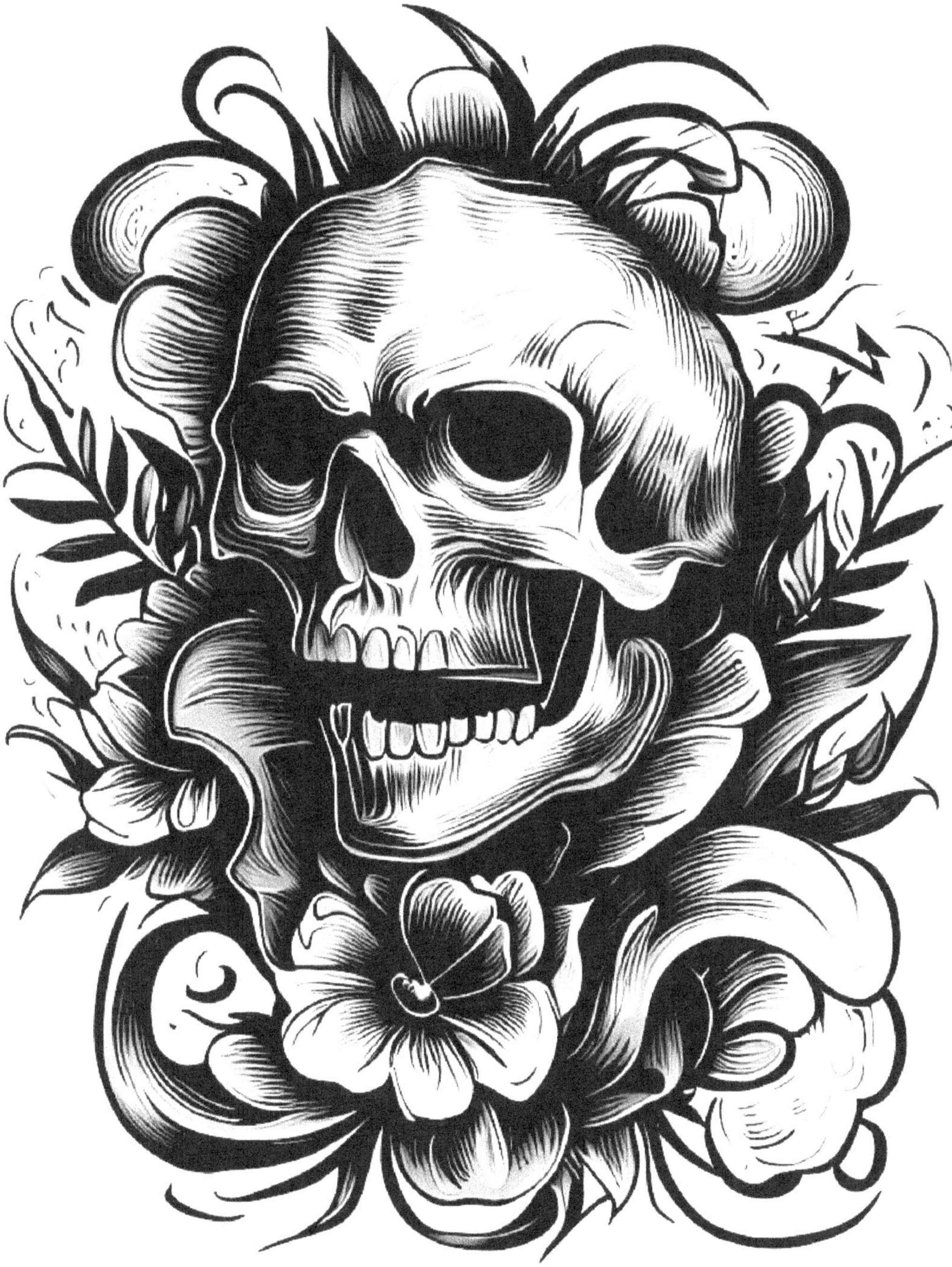

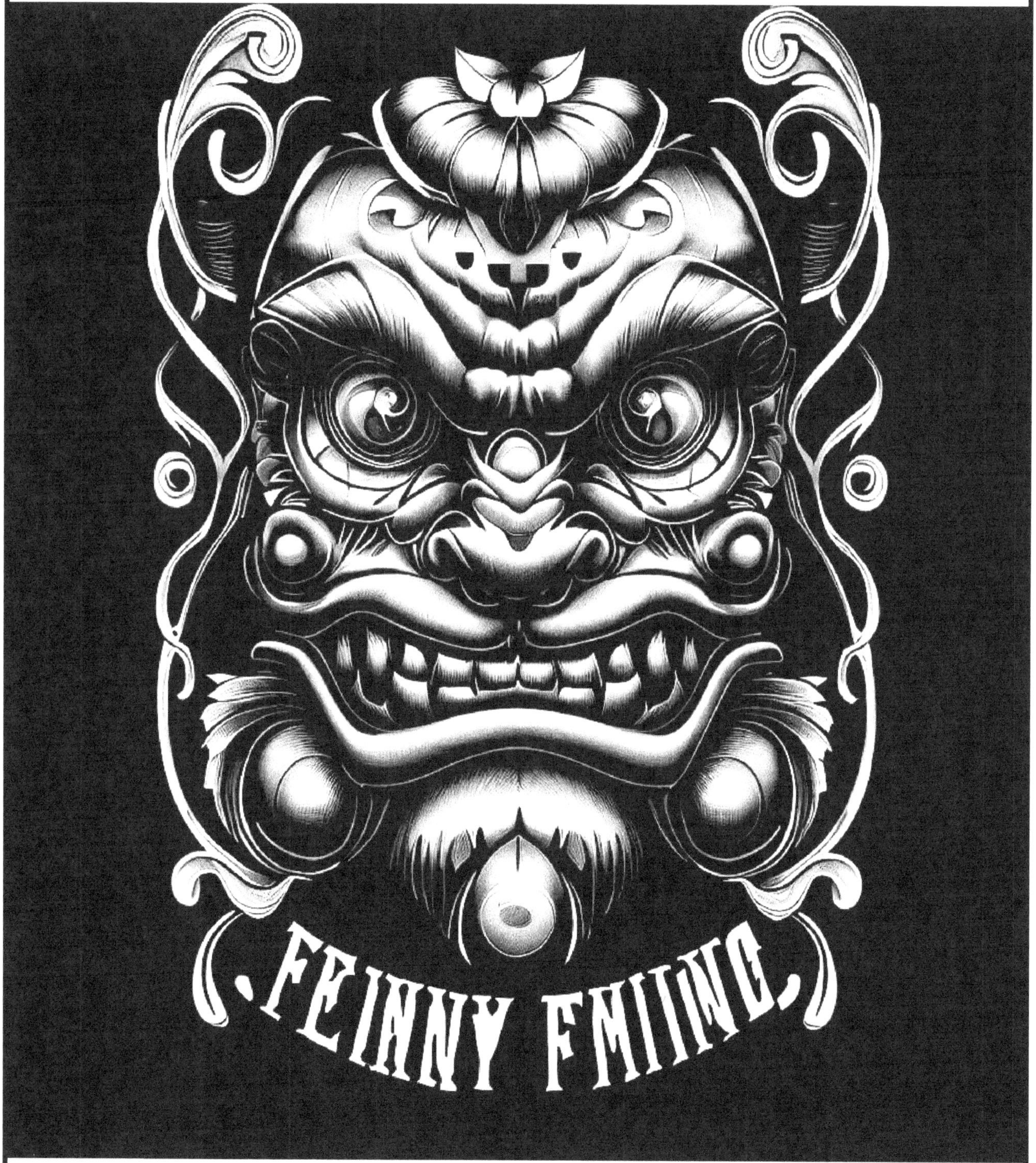
FEINNY FMIING

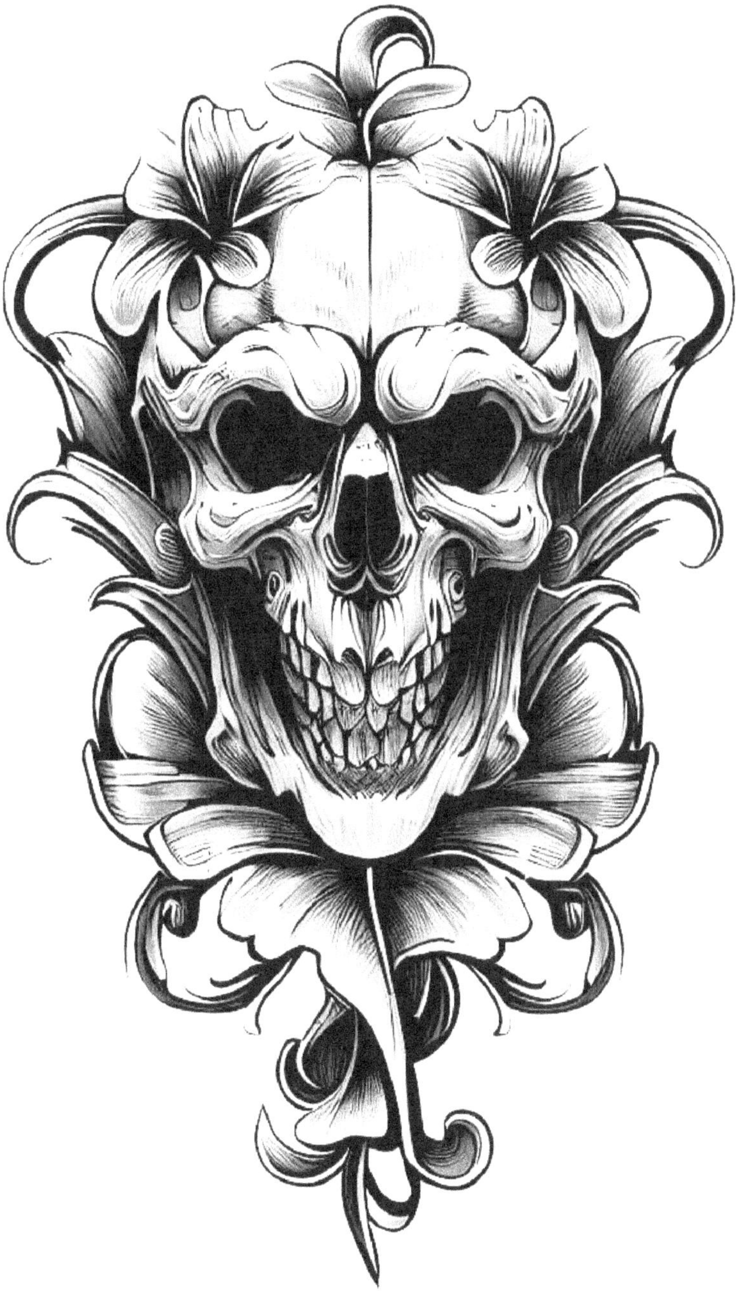

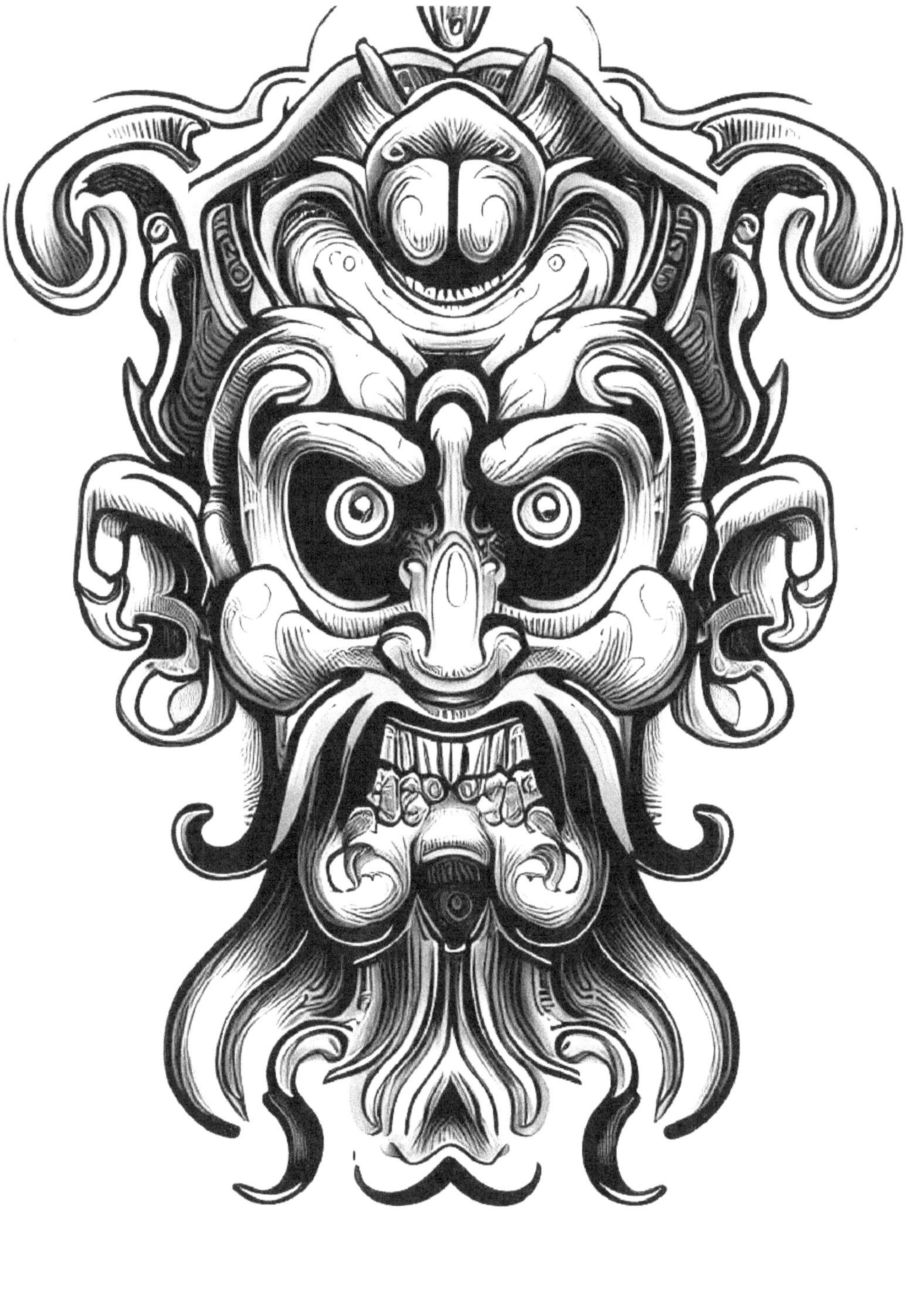

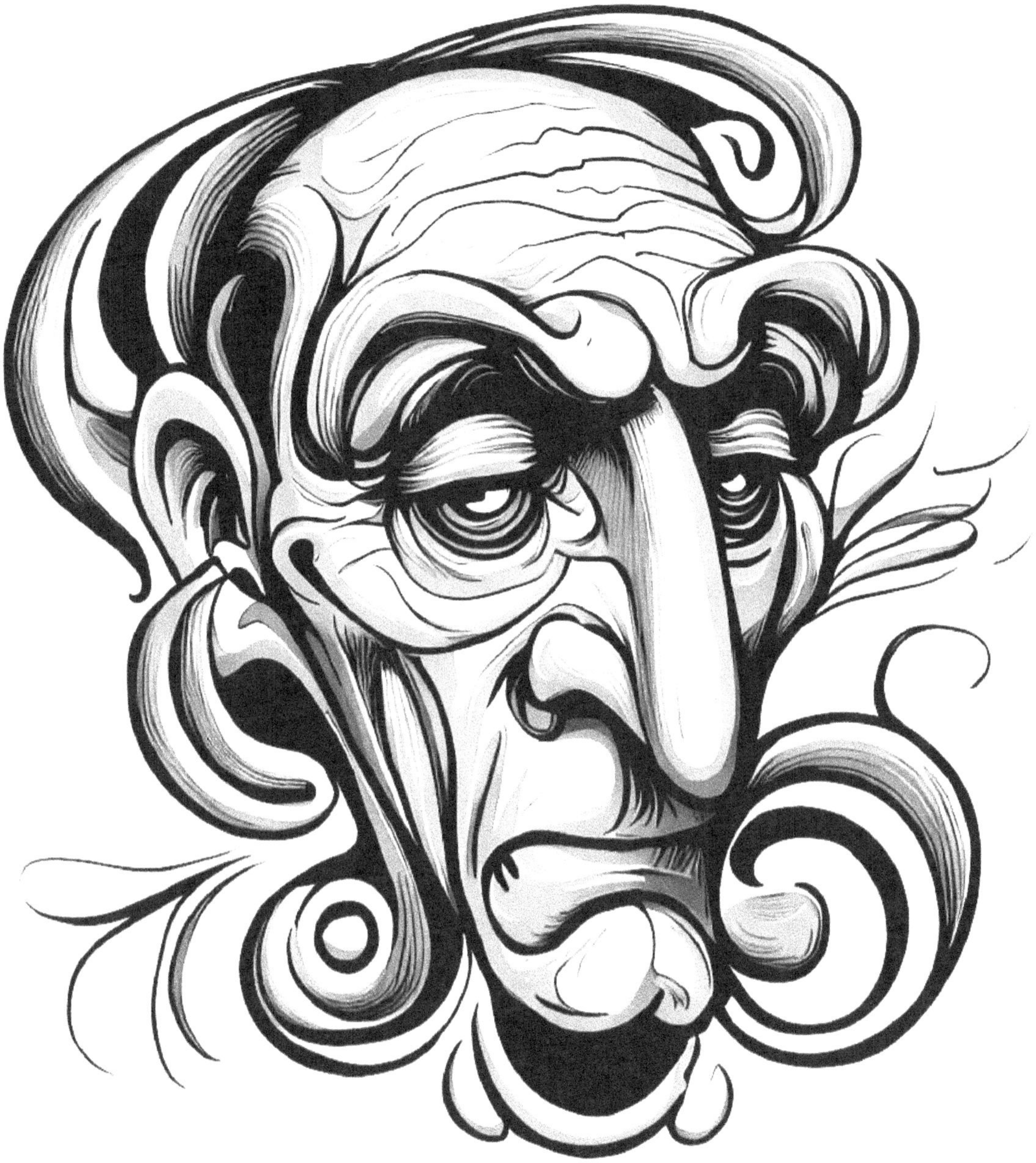

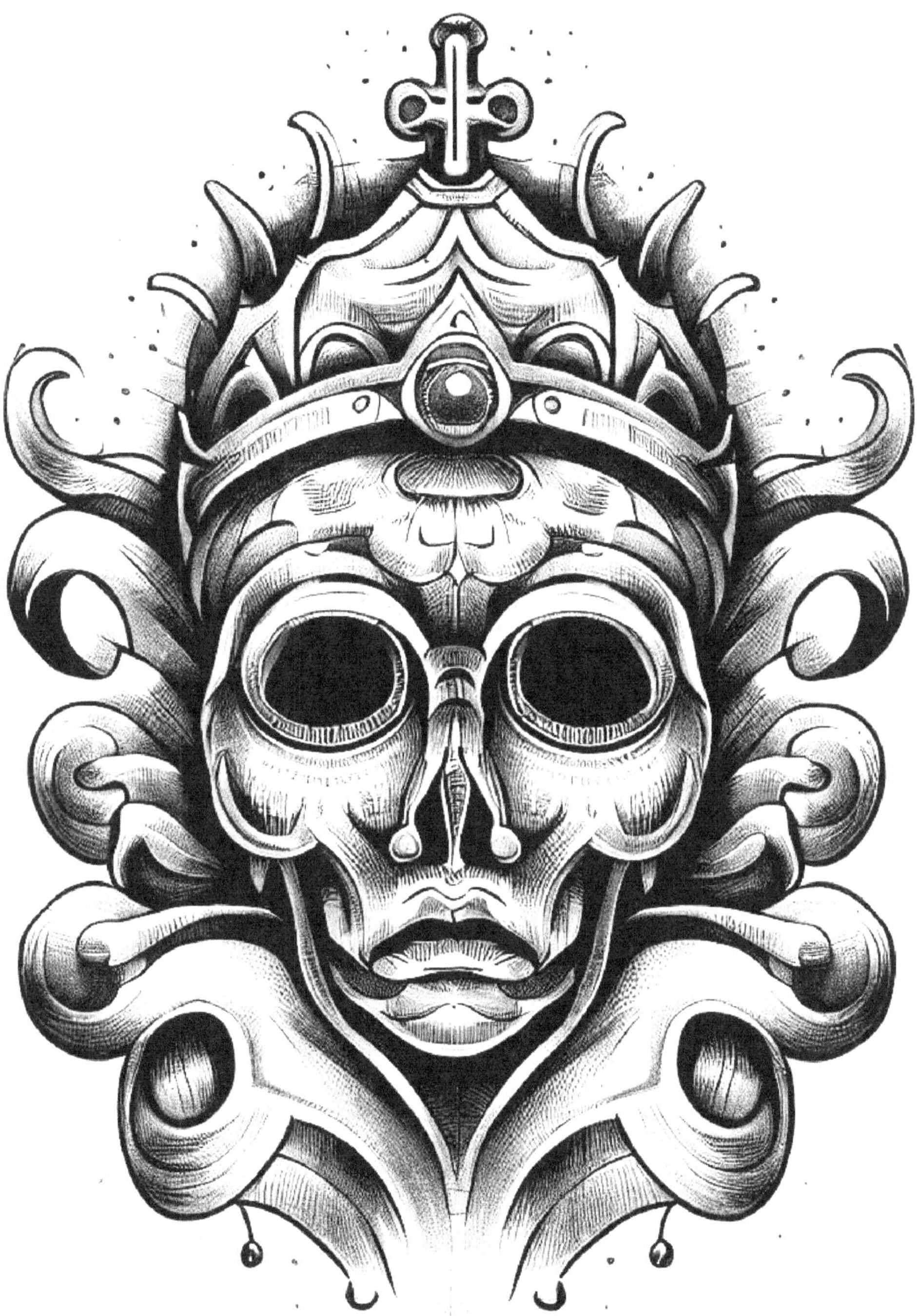

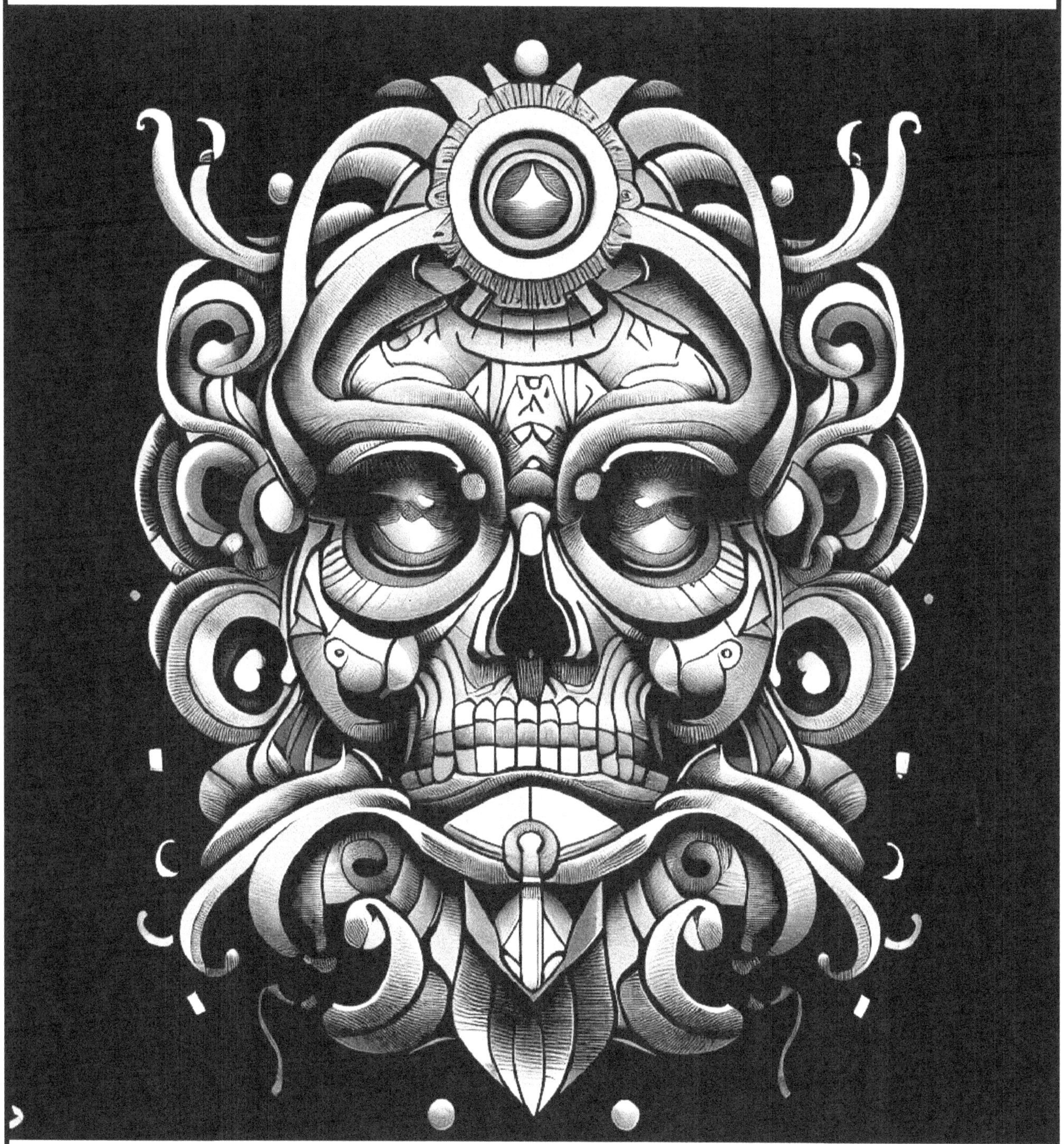

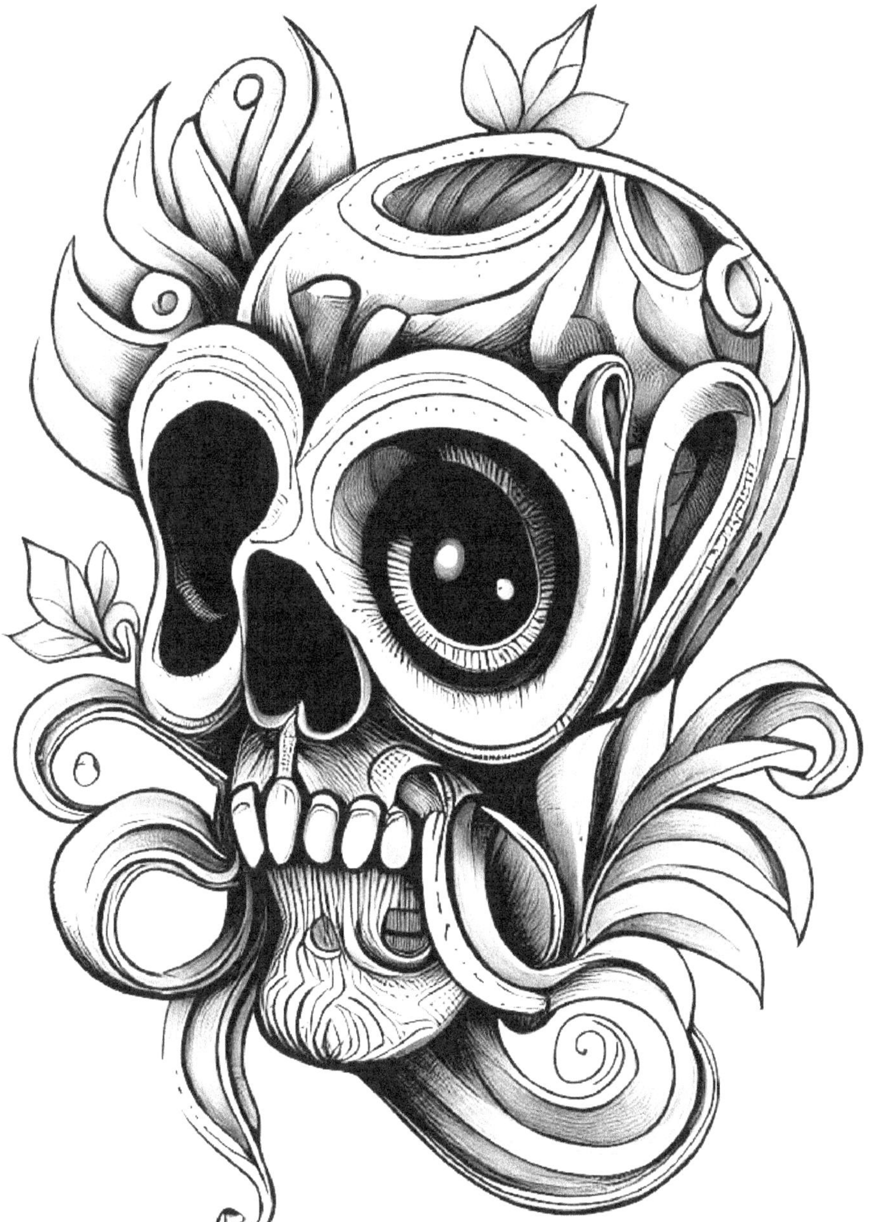

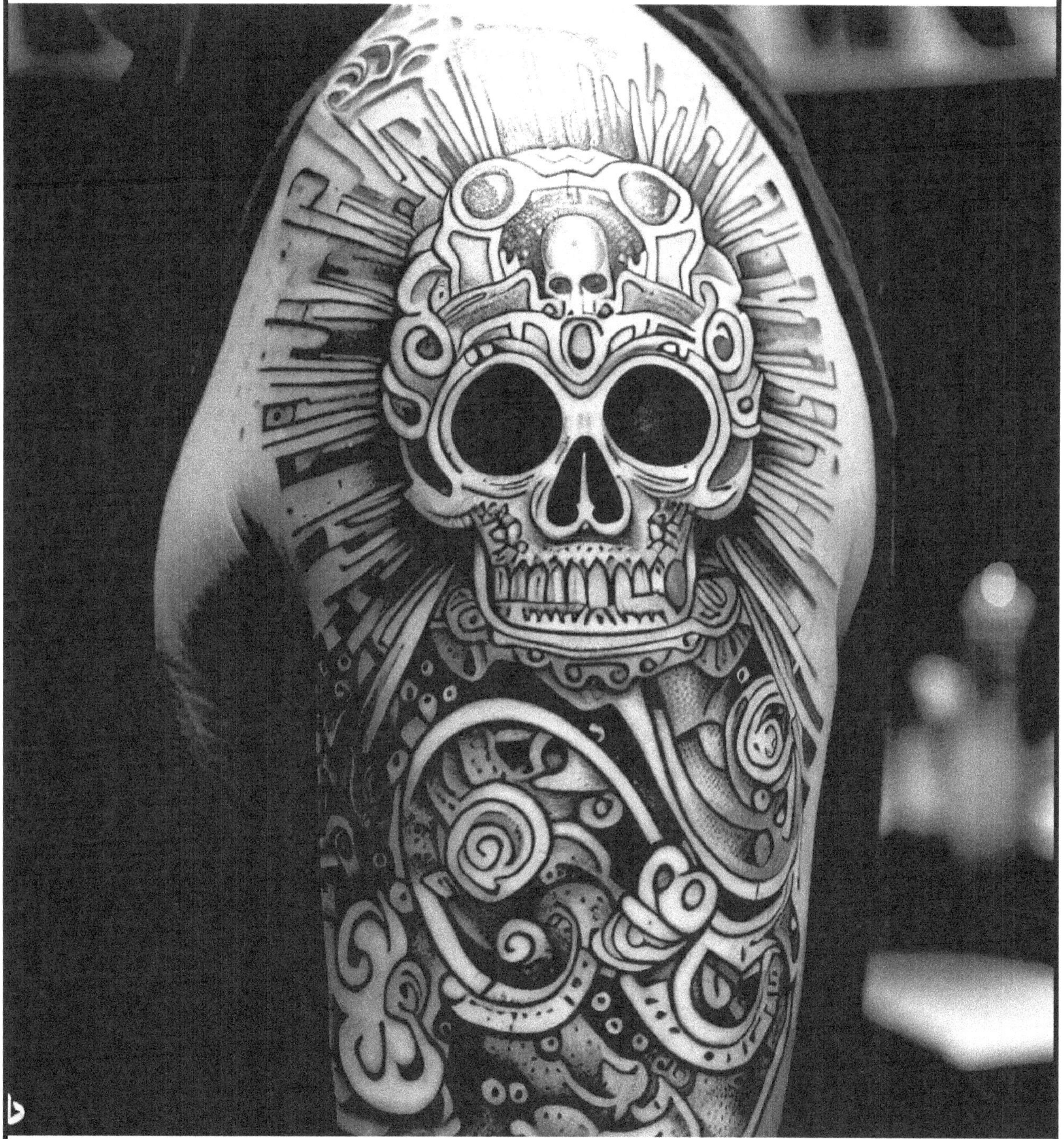

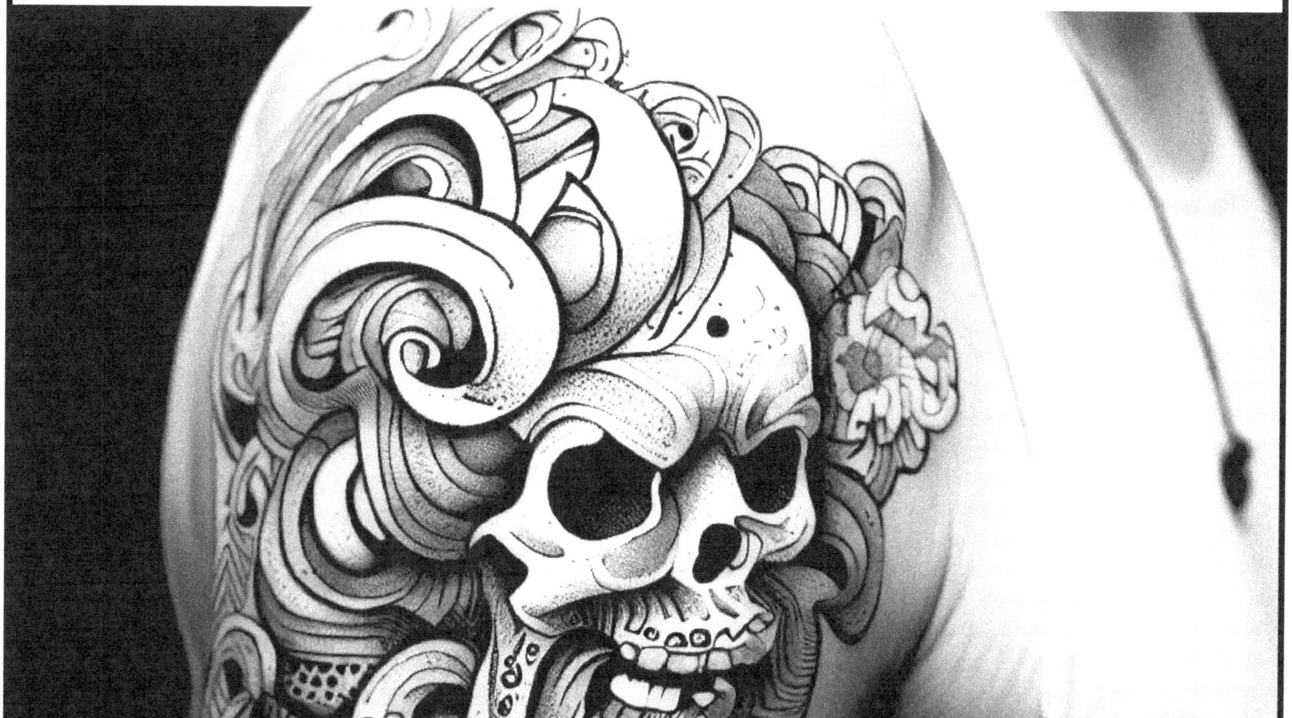

www.ingramcontent.com/pod-product-compliance
Lightning Source LLC
Chambersburg PA
CBHW081436220526
45466CB00008B/2415